les ateliers creatifs

Céline Navarro

Scrapbooking

Inspiration & techniques

Le Temps Apprivoisé

Direction éditoriale : Valérie Gendreau
Édition : Isabelle Riener
Relecture : Annie Testart
Conception graphique : Susan Pak Poy
Mise en pages : Susan Pak Poy
Couverture : Susan Pak Poy
Photographies : Pierre Ferbos
Photographie de la couverture : Alain Longeaud
Fabrication : Géraldine Boilley-Hautbois, Louise Martinez
Photogravure : Alésia Studio

ISBN : 978-2-299-00052-7
Dépôt légal : septembre 2009

Le Temps Apprivoisé
7, rue des Canettes
75006 Paris

http : //www.letempsapprivoise.fr

Avant-propos

Passionnée de photographie depuis plusieurs années, je suis tombée par hasard sur le scrapbooking, au détour d'un atelier Mixed Media lors d'un événement scrap. Et, depuis, c'est le grand amour ! Toujours à la recherche de nouvelles techniques, de nouvelles palettes de couleurs, de nouveaux outils, je suis devenue ce qu'on appelle une « scrappeuse professionnelle », animant des ateliers à travers le monde, et surtout en France.

Je dévoile mes secrets et mes astuces lors d'ateliers et de manifestations professionnelles tout au long de l'année, et j'ai choisi aujourd'hui de me lancer dans l'écriture d'un livre sur le scrap, pour, je l'espère, continuer à vous inspirer à travers mes pages et mes mini-albums.

Cet ouvrage vous guidera vers d'autres horizons, tout en rappelant les conseils de base pour les plus novices d'entre vous, et vous permettra, grâce aux nombreux pas à pas et exemples, de réaliser des pages et des albums inédits avec beaucoup d'inspiration !

À vos marques ! Prêt ! SCRAPPEZ !

Céline Navarro

I

Qu'est-ce que le scrapbooking ?

II

La mise en pages

III

Peintures et couleurs

Sommaire

IV

Le jeu des papiers

V

Les embellissements

VI

Jeux des matières

VII

Le titre et le journaling

rome
&
toi

1

Qu'est-ce que le scrapbooking ?

Nous avons tous des centaines de photos qui sommeillent au fond de nos placards. Le scrapbooking permet de mettre en scène ces photographies de manière créative : des papiers imprimés, du ruban, des boutons, un peu de peinture... les photos sont magnifiées et prennent un nouveau sens.

atelier 1

La boîte à outils

Comme tout loisir, le scrapbooking a son jargon, ses termes, son matériel indispensable, pour accomplir de beaux projets. Voici les éléments de base et l'essentiel du matériel pour bien démarrer.

Les photos

C'est évidemment l'élément essentiel. Qu'elles soient en couleurs ou en noir et blanc, vos photos sont votre source d'inspiration : elles vont déterminer votre choix de papier, des embellissements, du thème.
Sans elles, pas de scrap !

Imprimer
Avoir son imprimante à la maison permet d'être totalement libre de choisir la taille de la photographie. Cependant, de nombreux laboratoires en ligne vous offrent aussi une grande liberté pour vos impressions (par exemple Fnac.com, Photobox.com, Pixum.fr...).
En revanche, selon les techniques que vous aurez envie d'essayer, il se peut que certains types de papiers photo ne soient pas recommandés. Par exemple, si vous souhaitez poncer vos photos (voir p. 70), je vous recommande de les faire imprimer en ligne ou chez un photographe. Inversement, si vous ne souhaitez apporter aucune modification aux photos, une simple impression jet d'encre fera parfaitement l'affaire.

Le choix du papier
Sachez aussi qu'un papier mat enlèvera un peu de l'éclat de votre photo, alors qu'un papier brillant peut être difficile à photographier (si vous voulez ensuite photographier toutes vos pages). C'est pourquoi, je vous conseille plutôt d'opter pour un papier perlé, ou semi-brillant.

✻ Les papiers

Aujourd'hui, le marché du scrap vous offre la possibilité de choisir entre des centaines de marques différentes. Chacune propose une gamme de papiers tellement étendue qu'il est souvent difficile de choisir.

De format 30 x 30 cm (format standard en scrap), les papiers sont le support de base pour vos pages et vos mini-albums. Que vous choisissiez un fond uni ou imprimé, votre créativité vous guidera afin de créer la page qui vous correspond le mieux.

Vous trouverez de nombreux types de papier pour vos fonds unis (de nombreuses marques françaises et internationales vous proposent des couleurs et textures différentes) ou pour marier les papiers imprimés. Surtout, n'oubliez pas que tous les papiers peuvent être scrappés : papier-calque, papier buvard, papier graphique, papier d'art, etc.

✻ Les embellissements

Vous trouverez dans vos boutiques spécialisées préférées une gamme très large d'embellissements pour vos projets de scrap : boutons, fleurs, chipboards (carton), alphabets, étiquettes, stickers, paillettes, rubans, etc. Choisissez ce qui vous plaît le plus selon vos envies du moment !

Pour coller

Divers types de colle existent suivant le matériau que vous désirez faire adhérer à votre page. Chaque type de colle vous permet de varier la construction de votre projet scrap.

Rouleau de ruban adhésif double-face

Pour vos pages de scrap standard avec papiers normaux.

Colle forte

Pour les chipboards et autres embellissements lourds.

Glue Dots

Points de colle pour coller vos embellissements.

Carrés de mousse 3D

Pour donner du volume à certains papiers ou découpes.

Colle en bâton

Pour tous les travaux avec papier fin.

* Pour couper

Perforatrice

Des centaines de perforatrices existent sur le marché, chacune dotée d'un motif unique : cercle, carré, fleur, arbre, soleil, nuage, flocon de neige, sapin de Noël, et bien d'autres... vous aideront à rajouter à vos projets scrap le petit détail qui manquait. Cependant, une gamme de motifs de base est seulement nécessaire : je vous conseille les motifs basiques (cercle, carré, ovale) pour commencer.

Cutter

C'est l'outil indispensable pour une découpe parfaite, pour fabriquer un mini-album, pour découper dans un support assez épais, ou juste pour vous aider à enlever le papier de l'adhésif double-face.

Pince à œillet

Un tapis de coupe permet de protéger la table en cas de découpe profonde (ou d'usage intempestif de peintures, ou d'un marteau à œillets).

Massicot

Si vous êtes une adepte de la finition et du découpage irréprochables, alors un massicot est sur votre liste de matériel préféré. Doté d'une règle qui vous permet de mesurer directement le papier, le massicot coupe dans les papiers et les transparents de façon parfaitement droite, grâce à sa lame.

Ciseaux

Votre paire de ciseaux habituelle vous aidera à découper un motif dans les papiers imprimés, mais aussi à rectifier le papier s'il n'est pas à la bonne taille, et à recadrer une photo. Cependant, il existe aussi des paires de ciseaux aux lames à motifs, que l'on appelle ciseaux feston : vagues, crans, formes « biscuits »...

⁎ Pour écrire et colorier

La peinture est la façon la plus simple d'apporter de la couleur à vos pages.

Acrylique

L'acrylique est parfaite car elle sèche vite, est souvent opaque (vous permet donc de peindre vos chipboards et autres papiers imprimés préférés), et surtout, elle est peu chère.

Encres Distress

PInceau pour étaler le gesso

Pastels aquarellables

Rouleau caoutchouc

Aquarelle

L'aquarelle, se travaille sur des papiers assez épais (pour éviter qu'ils gondolent), comme le papier canson aquarellable ou tout autre carton. En pastille, en tube ou en crayon, l'aquarelle s'utilise toujours avec de l'eau.

Stylos

Pour écrire votre journaling (voir p. 101), je vous conseille les stylos à mine pointue. Les stylos à mine épaisse sont parfaits pour embellir les pages, ajouter du motif sur les papiers... Le stylo blanc est un outil indispensable pour toute scrappeuse adepte de couleurs et de contrastes. Il fait ressortir certains détails, comme de petites étoiles à l'intérieur d'une décalcomanie.

Feutres

Les feutres permettent d'ajouter du texte ou de colorier des petits détails (un cadre coloré autour de votre photo par exemple), sur du papier ou toute autre surface. Attention, selon le type de surface sur laquelle vous souhaitez travailler (papier ou papier photo), il vous faudra utiliser des feutres différents (feutre normal pour le papier, feutre permanent pour le papier photo).

Pinceau

✻ Les tampons

Ils sont aujourd'hui un élément indispensable à toute scrappeuse qui se respecte. Ils forment vos titres, créent des fonds de pages à votre image, habillent vos photos, apportent couleur et texture si vous travaillez avec des encres saturées en couleurs ou de la poudre à embosser.

Encre pour supports non poreux

Encre pour supports papier

« Clear »

Transparents, en matière statique à monter sur un bloc d'acrylique.

En caoutchouc rouge montés sur bois

Ils donnent une excellente impression, mais sont difficiles à ranger et assez onéreux.

Encre pour embosser

Heat Gun

Il permet de faire fondre la poudre à embosser.

Non montés, en plaque format A4

Ils sont à monter sur mousse autocollante et sont statiques.

atelier 2

Les différents styles

Dans la vie, chaque personne est unique, a ses propres goûts et sa façon de s'habiller. En scrapbooking, c'est pareil : différents styles ont vu le jour, chacun représentant au mieux le caractère, les goûts, la sensibilité artistique de la scrappeuse.

Le style classique

C'est le style le plus connu. Basique et souvent très géométrique, il est dirigé par des règles et des techniques dites « débutantes ». Mais il se reconnaît surtout par sa mise en page simple et très ordonnée.

Le Freestyle

Totalement libre de toute règle, le Freestyle vous permet de faire ce dont vous avez envie, en utilisant le matériel de votre choix : peinture, tissu, métal, plastique, papier… Le mélange des supports et des matériaux, ainsi qu'une mise en page déstructurée définissent souvent ce style.

Le style Héritage

C'est l'art de mettre en page de vieilles photos, souvent celles de nos ancêtres. Elles sont principalement en noir et blanc ou sépia.

Le style clean & simple

C'est un style extrêmement graphique, très épuré, où la photographie reste vraiment l'objet principal de la page.

Le style Shabby chic

Tous les papiers, embellissements (fleurs, rubans…), photographies sont ici systématiquement vieillis avec de l'encre, du papier de verre.

Le Vintage

C'est un style très « récup' ». On recycle tout objet personnel pour le mettre sur la page.

atelier 3

Les créations standard

Le scrapbooking nous offre la possibilité de laisser libre cours à notre créativité via les nombreux supports disponibles sur le marché, mais aussi dans notre vie de tous les jours.

Are we there, Yet ?

Un design plutôt simple, avec une mise en pages sur le bas de la page 30 x 30 cm, avec un mélange de papiers, d'encre et de stickers. Le journalling, en rapport avec la photo, est caché dans la pochette centrale, où est placé le sticker YET.

La page 30 x 30 cm

Le format 30 x 30 cm (ou 12 x 12 inches en mesure anglo-saxonne) est le format standard le plus courant en scrapbooking. En effet, les scrappeuses l'utilisent, dans la majorité des cas. D'ordinaire, seul le recto d'une page se décore, puisqu'elle est ensuite rangée dans des albums spécifiques au même format (fabriqués par les plus grandes marques de scrap), dans des pochettes transparentes plastifiées. Certaines scrappeuses préfèrent les ranger dans des boîtes. À vous de choisir le mode de rangement qui vous convient le mieux... Vous pouvez tout à fait travailler par thème dans un album. Par exemple, chacun aura un thème différent : les dernières vacances en famille, la communion du petit dernier... et vous classerez vos pages par ordre chronologique ou suivant vos envies, en vous fiant à l'inspiration du moment

Album pour ranger et proteger vos pages

Yes it is !

Deux photos pour illustrer cette page, en souvenir de vacances à Rio en 2008. La mise en pages est concentrée sur le côté gauche de la page, avec points de peinture et tampons qui accompagnent le regard vers la photo.

Le conseil de Céline

Bien que ces 2 formats de page soient les plus connus, d'autres sont également utilisés. Les pages 15 x 15 cm et 20 x 20 cm sont aussi des formats très appréciés des scrappeuses, notamment dans la réalisation d'albums sur un même thème.

Smile et Quotidien

L'avantage de travailler sur un format 8,5 x 11 cm, c'est qu'avec une photo 10 x 15 cm, votre mise en pages est plutôt rapide. N'hésitez pas à superposer des éléments sur la photo si vous manquez de place.

La page 8,5 x 11 inches (format A4 américain : 21,6 x 28 cm)

Ce format, plus large et plus court que le A4 français, est très à la mode en ce moment. Plus rapide à remplir qu'un format 30 x 30 cm, il se prête davantage à l'élaboration d'un « mini-album » que le format précédent.

Quotidien
(Page créee par Késia [Laeticia Roulleau])

Balade ans le sud

Un mélange de textures pour illustrer les photos prises au gré d'une balade près de chez moi. J'ai repris la palette des couleurs de mes clichés ce jour-là à Saint Guilhem : le désert, le ciel bleu, le vert des arbres, le marron des montagnes. Tout ça avec un mélange de textures, d'effet bois et d'embossage.

Les mini-albums

Les mini-albums sont aussi pratiques dans leur format que divers dans leur thème. Que vous souhaitiez mettre en valeur vos photos de vacances ou le mariage d'une amie, le mini-album vous permet d'utiliser toute une série de photos du même sujet. Leurs supports sont extrêmement variés. Beaucoup de marques de scrap proposent des supports déjà prêts : il suffit de choisir vos papiers, vos embellissements et vos photos pour vous lancer ! Nos marques préférées ont toujours le support qu'il faut, la forme qu'il faut : qu'ils soient en carton, en papier, en plastique transparent, en bois, en tissu... Vous pouvez cependant créer votre propre mini-album. Suivant le support que vous choisirez, laissez libre cours à votre imagination au niveau du format, de la page et du matériel utilisé.

✦ Voici des idées de supports originaux : mini-album en plastique transparent, en bois, en tissu, en liège, en métal, en carton ondulé, en canevas, mini-album fait avec des enveloppes ou des cadres en bois, etc.

Le Scrap déco

Qu'est-ce que le Scrap déco? C'est tout simplement la décoration de votre intérieur grâce à des objets, du matériel de scrap et de vos photos préférées : cadres, photophores, magnets, calendriers, miroirs... Accrochez vos œuvres sur les murs !

Damien

J'aime altérer mes photos, et l'idée m'est venue d'altérer l'une d'elles de telle manière que je n'avais plus qu'à la glisser dans un cadre. Pour cela, j'ai poncé le papier photo aux endroits que je voulais masquer, ajouté de la couleur avec de l'acrylique (vous pouvez aussi utiliser de l'encre Distress, idéale pour colorer vos photos), utilisé des petits tampons avec de l'encre Staz-On (encre spéciale pour tamponner sur le papier photo) et le tour est joué ! Si la photo ainsi altérée a des belles couleurs flashy, n'hésitez pas à l'installer dans un cadre aux bords noirs, pour ainsi bien contraster avec les couleurs ! Beaucoup de supports pour le Home Déco sont en papier mâché : vous aurez ainsi des difficultés à coller vos papiers de scrap sur des surfaces bombées ou arrondies : utilisez alors du papier pour collage de serviettes (vous trouverez de nombreux papiers pour collage de serviettes dans votre boutique de beaux-arts préférée et aurez l'embarras du choix tant les designs et couleurs sont variés).

Pack your bags

Pour ce mini-album, Laetitia n'a pas hésité de mélanger tissu, métal, carton et papier, dans cette ode à la famille. Un mélange de texture efficace plein de soleil et de gaieté. (Album de Késia [Laeticia Roulleau])

atelier 4

Choisir son thème

Choisir son thème est le point de départ de votre future création : allez-vous travailler vos dernières photos de Noël ? Les vacances en famille ? Soyez créatifs et n'oubliez pas : l'essentiel est de vous amuser !

Santa Teresa

Cette page met en scène une photo que j'ai prise dans un village tout près de Rio de Janeiro. J'ai joué sur le jaune du tramway, tellement caractéristique du Brésil, pour l'intégrer à ma page. Le vert s'est ensuite imposé, car c'est une des couleurs du drapeau brésilien. Le thème de ma page est ce beau moment de découverte de Santa Teresa, où couleurs et architecture pittoresque donnent la tonalité du pays.

Quand c'est la photo qui conditionne le thème de la page

Laissez-vous d'abord guider par vos photos : ce sont elles qui vont déterminer le choix des papiers et du titre de la page ou de l'album. Il est évident que pour certains types de photographie, le thème s'impose dès le départ : photo de vacances, de mariage, de bébé, d'anniversaire... En revanche, pour des photos sans thème particulier, comme des portraits ou des paysages, vous devez dégager vous-même un fil directeur. Le thème de la page n'est pas forcément le sujet de la photographie. Par exemple, un portrait d'enfant ne vous oblige pas nécessairement à inventer une page autour du thème de l'enfant ou à mettre comme titre « mon fils/ma fille » ! Posez-vous toujours la question : qu'est-ce que je ressens en regardant cette photo ?

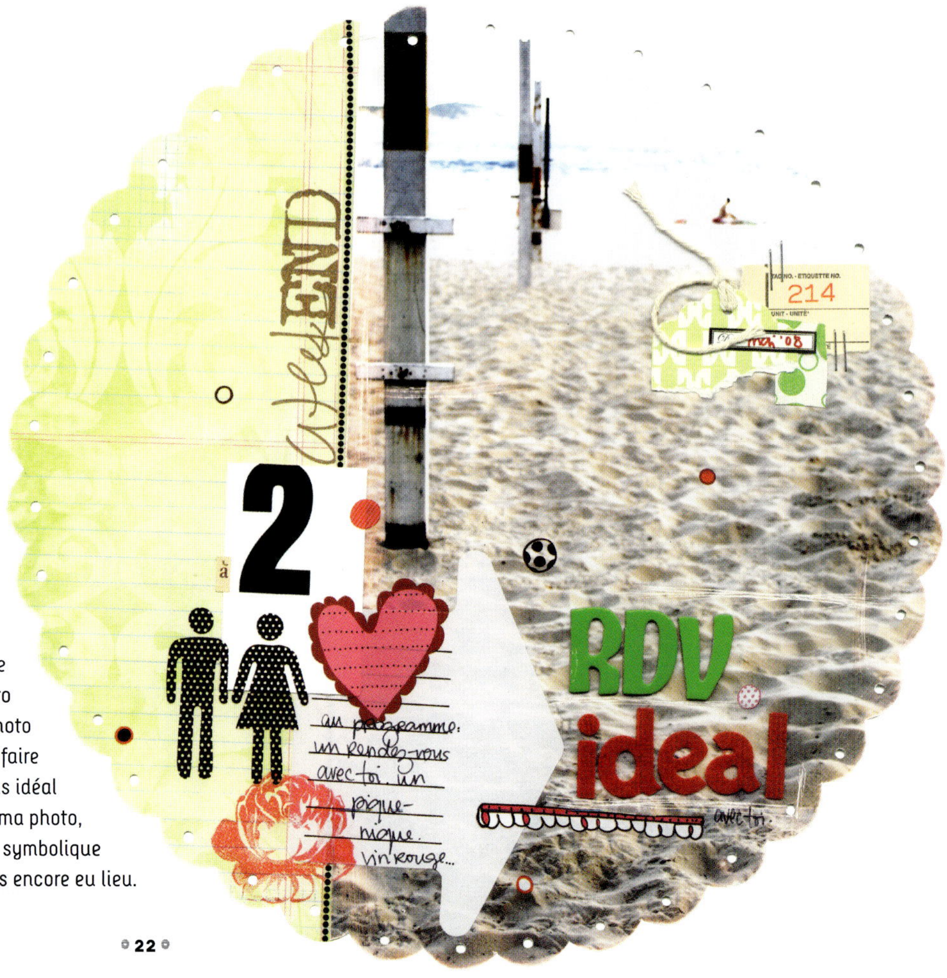

RV idéal

Sur cette page, en revanche, la photo et le thème n'ont aucun rapport : je me suis approprié la photo pour l'amener vers un thème de mon choix. La photo représente une plage brésilienne. Plutôt que de faire une page sur cette plage, j'ai imaginé un rendez-vous idéal avec mon amoureux : je ne scrappe plus le sujet de ma photo, mais je détourne celle-ci pour en faire l'élément symbolique d'une idée, d'un rêve, d'un moment, qui n'a pas encore eu lieu.

Magique

Cette photographie représente un coucher de soleil en Afrique du Sud.

• Ma photo m'a-t-elle inspiré une certaine palette de couleurs ?

– Oui, des couleurs qui représentent la nature : des tons chauds, du marron, quelques touches de jaune, et un bleu turquoise pour contraster le tout.

• Que m'a inspiré cette image ?

– Un moment magique, privilégié, la chance de pouvoir apercevoir de tels animaux en liberté. Les couleurs et la magie de la photo m'ont donc inspiré cette page aux couleurs chaudes. Le motif bois du papier de fond représente le côté nature de cette expérience.

Quand c'est votre état d'esprit qui conditionne le thème de la page

Que vous soyez de bonne humeur, mélancolique ou déprimée, votre esprit va retranscrire vos sentiments ; par exemple, dans le choix de vos couleurs, au niveau des papiers comme des embellissements ou des typographies.

Une méthode à suivre

Faites une liste de mots, d'adjectifs, de verbes, de citations et vous serez étonnée du nombre infini de thèmes que vous pourrez choisir pour vos photos les plus simples.

Voici une série de questions et de phrases qui vous aideront à faire ressortir un thème, une citation, un verbe, et pour illustrer au mieux votre photographie.

- Que m'évoque cette photographie ?
- Que m'inspire-t-elle ? De la joie ? De la tristesse ? De la mélancolie ? De la nostalgie ? Des fous rires ? Qu'est-ce que je ressens en la regardant ?
- Si je devais choisir 3 verbes ou 3 adjectifs la qualifiant, quels seraient-ils ?
- Quels sont mes souvenirs vis-à-vis de cette photographie ?
- Puis-je illustrer cette page avec une citation ?
- Ma photo m'inspire t-elle une certaine palette de couleurs ? Qu'est-ce qui change si j'utilise du bleu, du rouge ou du jaune avec ma photo ?

Chaque jour, je t'aime

• Ma photo m'inspire t-elle une certaine palette de couleurs ?

– Oui, pour ce portrait en noir et blanc, je voulais travailler des couleurs à la fois vives et masculines. Je voulais une mise en page simple, mais colorée pour faire ressortir cette photo.

• Que m'a inspiré cette image ?

– De l'amour, évidemment, mais aussi des motifs féminins (fleurs, arabesques...), synonymes de douceur.

Le journaling (voir p. 100) est remplacé par de grands titres évocateurs, faits aussi bien avec des décalcomanies que des stickers alphabets, pour ainsi jouer sur les différences de typographie et donner volume et dynamisme à la page.

atelier 5

Construire une page récup'

Même si les boutiques de scrap regorgent de toutes sortes d'embellissements, la récupération est de mise pour les scrappeuses : une étiquette de jeans récupérée sur le pantalon du petit dernier, les boutons de votre robe d'enfance préférée, les billets d'avions de votre lune de miel...

Que récupérer ?

Conservez en priorité tous ces petits objets qui ont un sens pour vous : parce qu'ils sont uniques, tout d'abord, mais aussi parce qu'ils sont essentiels pour faire passer une émotion particulière ou un souvenir personnel. Lorsque vous souhaitez retranscrire un sentiment en rapport avec votre photo, l'ajout d'éléments personnels est incontournable. La récupération est aussi indispensable lorsque vous voulez travailler les matières et les volumes sur une page : n'hésitez pas à utiliser du tissu, de petits morceaux de bois, de carton, de papier, du liège : tous ces éléments apporteront un intérêt particulier à votre création.

Potes

De vieilles diapositives comme support pour un album mini mini ? Voilà une idée craquante pour mettre en scène de toutes petites photos ! Ces diapositives constituent de parfaits minicadres pour abriter mes photos et mettre en valeur de jolis embellissements, du liège et quelques lettres. Toutes mes photos d'enfance, et en particulier celles de mes 2 amis d'enfance, ont été faites sur diapositives. C'est donc un véritable clin d'œil nostalgique et une ode à l'amitié.

AG

Cristina a ici travaillé son mini-album de mariage de façon non conventionnelle, pour un effet détonant et très créatif ! Douceur, poésie, sentiment, photos artistiques, se mêlent à cet album unique et texturé. Voyez comment récupération (pages de livres, napperon en papier...) se marie à la perfection avec un thème plutôt classique. Les couleurs douces apportent un effet très romantique au tout. (Album de Christina [Sandra Ferreira])

Le conseil de Céline

La colle en bâton est ma colle de prédilection pour le papier, le tissu, le carton, mais vous pouvez choisir une colle plus forte pour faire adhérer le liège (ou du carton ondulé) sur votre création. N'hésitez pas à faire des tests. Une agrafeuse peut aussi être un bon choix, et le métal des agrafes, un plus sur votre page multi-textures.

Créer sa page récup'

Matériel : des étiquettes, de la peinture en spray Glimmer Mist, du liège, du tissu, du carton..., des embellissements.

1

À l'aide d'un gabarit/pochoir (ici, des étiquettes), vaporisez de la peinture en spray Glimmer Mist (peinture liquide avec de la poudre irisée à l'intérieur) sur le pochoir. Vaporisez ensuite la peinture sur le pochoir, placé sur le fond de papier uni.

Être à la maison

Commencez par choisir le support sur lequel vous allez travailler. Pour cette page, je suis ainsi partie d'un Bazzill Kraft, pour son apparence naturelle.

2

Construisez la page avec du liège, du plastique transparent, du tissu, du carton, du papier, de l'encre et de la feutrine : tous ces éléments se mélangent sur la partie principale de la page. Déchirez tout d'abord un morceau de liège qui sera le support de la photo. Collez-le sur le fond, puis placez le transparent, et enfin, la photo.

3

Disposez ensuite vos éléments en travaillant en volume : vos éléments doivent être visibles, et se retrouver les uns sur les autres.

4

Terminez par les embellissements, en les assortissant avec les papiers et la photo. Ici, j'ai des petits embellissements et des chutes de papier, pour rajouter encore de la texture. Concentrez vos éléments sur le bas de la photo pour la faire ressortir. Ajoutez quelques embellissements en bas à gauche pour faire un rappel avec votre titre, et le tour est joué !

atelier 6

Une page avec une photo floue

Nous avons tous une idée préconçue des photos floues : ce sont des photos ratées. Que nenni ! Une photo floue apporte une touche artistique à votre création, peut vous aider à trouver votre thème, voire votre titre, bref, une photo floue n'est sûrement pas à jeter.

I am a girl

Cette photo, légèrement floue, inspire la féminité et la douceur, d'où une mise en page simple, épurée, tout en détail (couture, découpe de papier, récupération d'éléments cosmétiques). L'image est placée au centre pour attirer le regard. Une image floue peut aussi véhiculer un message, une expérience inédite. À vous de tester ! (Page de Virginie Ventura)

Un flou involontaire

Bien sûr, il y a la photo floue « accident » : une mise au point mal faite, un bougé, une vitesse trop lente pour une scène de sport, autant de moments ratés parce que votre appareil était mal réglé. Mais, n'en déplaisent à certains, la photo floue a autant d'importance qu'une photo nette.

Un flou volontaire

Dans certains cas, le flou peut être voulu afin de noyer certains détails (un fond disgracieux par exemple), ou détacher un personnage de son environnement pour le faire ressortir du fond. Une photo de spectacle de danse ou de match de football floue sera plus parlante pour évoquer le mouvement, qu'une photo statique. N'ayez pas peur de scrapper vos photos floues, le résultat ne peut qu'être étonnant !

Le conseil de Céline

Une photo floue sera parfaitement assortie sur une page avec de la peinture et de la texture. Une photo floue reflète le mouvement, qui peut être traduit sur votre page par un travail au pinceau ou à l'encre. Elle apporte souvent du grain, gage de texture : imaginez un beau portrait flou, sur une page texturée, avec tissu, papier, ruban et autres embellissements en carton et paillettes.

Bonheur

Ici, le flou a été créé avec la profondeur de champ (un élément au premier plan est net, alors que le fond est flou). Pour ce portrait en noir et blanc d'une extrême douceur, j'ai accentué le flou de mon image sur Photoshop (voir p. 112), afin de mettre en avant le profil enfantin du petit Thomas. J'accentue la douceur de cette photo avec les fleurs, le ruban en papier crépon et une mise en page sobre, dans des couleurs chaudes.

atelier 7

Le mariage des papiers

En scrapbooking, la mise en page des papiers est un élément-clé pour valoriser la photo. En effet, si la photo se fond dans les papiers ou si elle se trouve « écrasée » par les motifs, elle ne sera pas mise en valeur et vous serez déçue par votre page.

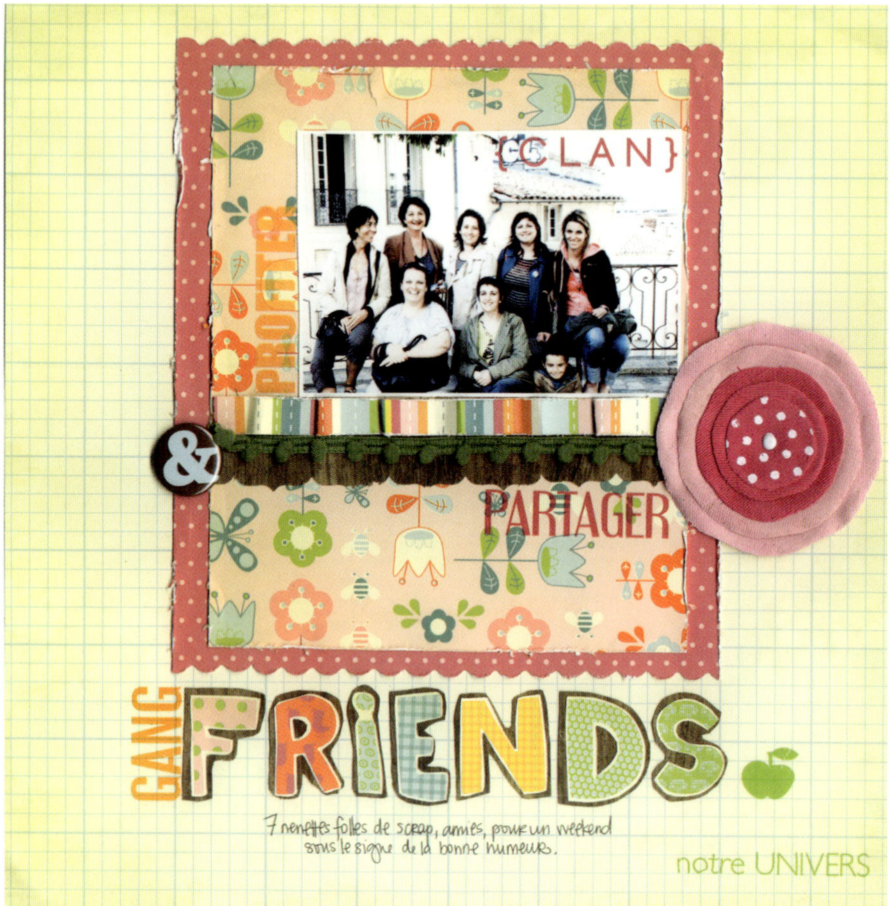

Friends

Pour cette page tout en simplicité, j'ai utilisé des papiers d'une même collection. En effet, les grandes marques de scrap créent des lignes de papiers aux motifs qui s'accordent pour aider les novices à choisir les papiers parfaits pour leurs projets scrap. Ici, une ambiance très bucolique, très printanière pour célébrer un week-end entre amies au mois de juin.

Laissez-vous guider par la photo

+ **Si la photo est en couleurs,** essayez de trouver ses 3 couleurs dominantes pour choisir les papiers. Prenez-les dans les mêmes tons pour harmoniser la mise en page ou bien choisissez des couleurs contraires, pour que la photo ressorte bien.
+ **Si la photo est sépia,** votre choix se portera probablement davantage sur des papiers de type Shabby Chic, avec des tons pastels, dans des fondus de marrons, de vert olive, de vieux rose, de crème, avec des dentelle et des boutons comme embellissements.
+ **Si la photo est noir et blanc,** vous n'aurez que l'embarras du choix car le noir et blanc se marie avec toutes les couleurs, tous les styles de papiers, tous les styles de scrap ! En revanche, ne choisissez pas des papiers noirs, blancs ou crème, pour éviter le ton sur ton trop dur.

Fantastic

La mise en pages est ici très simple, centrale. J'ai joué sur la même palette de couleurs (crème, vert, rouge) et sur les formes (rayures, fleuris, cercles), sur un fond neutre pour faire ressortir la mise en page.

P'tit mec

Un thème très « p'tit mec » pour cette page colorée. Les pois se marient à la perfection avec le papier de fond à lignes et le papier écossais. Le cadre façon freestyle vient souligner l'ambiance très masculine de cette page.

L'association de papiers à motifs

N'oubliez jamais cette règle de base très importante : lorsque vous mélangez des papiers imprimés, choisissez toujours des papiers dont les motifs sont nettement différents. Vous pouvez ainsi marier un papier à pois avec des rayures et un autre papier à carreaux. De même, n'hésitez pas à associer des motifs géométriques (cercles, carrés, lignes droites...) avec des motifs fleuris, des arabesques ou encore des papiers à texte.

Si vous n'êtes pas à l'aise avec l'idée d'assortir vous-mêmes vos imprimés, sachez que les fabricants créent des collections de papiers avec des motifs qui se marient parfaitement ensemble. Au fur et à mesure que vous vous amuserez avec les papiers, vous pourrez facilement choisir parmi plusieurs marques et collections, les papiers que vous souhaitez utiliser.

diy

La mise en pages

II

Une mise en pages réussie garantira le succès de votre création auprès de ceux qui vous sont chers. De la construction de votre première page ou de votre mini-album au Scrap Home déco, suivez ces chapitres pour apprendre à construire le projet scrap de vos rêves !

atelier 1

Construire sa première page

Vous êtes novice ? Vous avez peur de vous lancer dans votre première page de scrap ? Ne craignez rien : attrapez vos papiers, votre paire de ciseaux et votre bâton de colle, et suivez le guide !

· 1 · Choisir sa photo

Le point de départ est toujours la photo : quel que soit son format ou son sujet, qu'il s'agisse d'un tirage papier ou d'une photo numérique, la page va se construire autour d'elle. Laissez libre cours à vos envies ! Même si vous imprimez la photo dans un format donné (souvent 10 x 15 cm), ce format ne doit pas être un frein à votre créativité : n'hésitez pas à la recadrer dans un format plus petit, et découpez-la avec le massicot ! Vous pouvez aussi utiliser une perforatrice ronde pour recadrer autour des personnages principaux. Le format de la photo doit refléter votre désir de créer, et s'il faut découper, alors découpez !

· 2 · Choisir ses papiers

Sélectionnez les papiers qui vous semblent cohérents pour illustrer votre thème, en vous laissant guider par votre photo et vos envies (voir Le jeu des papiers, p. 69). Vous pouvez également travailler sur du papier uni et créer vous-même votre propre fond à motif (voir pp. 50 et 54).

· 3 · Construire sa mise en page

Procédez simplement : posez la photo sur un des fonds que vous avez choisis. Déterminez si vous allez mater la photo (c'est-à-dire la monter sur un papier uni, un peu plus grand que le format de la photo, pour qu'elle se détache du fond), où vous allez la placer, si vous allez utiliser ou non tous les papiers sélectionnés... Votre mise en page doit refléter l'atmosphère de la photo : une photo d'enfant méritera une mise en page dynamique, avec de la couleur, alors qu'une photo Vintage gagnera plutôt à s'intégrer dans une mise en pages sobre, assez classique.

· 4 · Placer et coller ses éléments

Une fois la mise en page choisie, utilisez votre colle préférée, et fixez vos papiers et votre photo.

Moment 2 bonheur

Pour cette page, je voulais mettre en avant la photographie, j'ai donc opté pour une mise en page simple, centrale et, surtout, avec peu d'embellissements. Un papier de fond bleu clair, et 2 autres papiers dans des tons de rouge confèrent chaleur et douceur à cette page.

Le conseil de Céline

Pourquoi ne pas travailler sur une même page, une photo en noir et blanc, et la même photo en couleurs, ou bien une même photo avec des couleurs et des contrastes différents ? Une grande photo format 13 x 18 cm en noir et blanc par exemple, et 2 photos format 6 x 8 cm en couleurs : celles-ci serviront d'embellissements, alors que celle en noir et blanc sera la focale de votre page.

Kangaroos

Mon papier de fond étant déjà relativement chargé, j'ai encore une fois choisi de travailler simplement, avec cette fois-ci, 2 photos à la place d'une. J'ai choisi des papiers dans les teintes de mes photos, pour obtenir une harmonie sur mon thème.

· 5 · Choisir les embellissements

Souvent, les collections de papiers scrap sont assorties d'une série d'embellissements. Que vous optiez pour ceux-ci, ou que vous les fabriquiez vous-même, sélectionnez une série d'éléments qui mettront en valeur la photo, sans pour autant alourdir le design de la page.

· 6 · Rédiger les commentaires : le journaling

Qu'il illustre simplement la photo, ou qu'il vienne du fond du cœur, le journaling doit être personnel. Vous pouvez l'écrire à la main ou l'imprimer à partir d'un logiciel de traitement de texte. La police d'écriture choisie va refléter l'esprit de la page, souligner les sentiments que véhicule la photo. Par exemple, pour une page évoquant l'amour que vous portez à vos enfants, préférez une police de caractère manuscrite, type écriture à la main. En revanche, pour un mini-album très urbain, choisissez une police de caractère évoquant les graffitis de rue ou une police plutôt masculine.

· 7 · Choisir le titre

Réfléchissez au thème de votre page. Y a-t-il un mot ou une phrase qui vous vient à l'esprit lorsque vous regardez la photo ? Essayez de trouver un titre relativement court. Ensuite, jouez sur différents embellissements pour composer le titre : stickers, Rub-ons, etc. (voir p. 81).

atelier 2

Construire son premier album

Vous voilà prête pour créer votre premier mini-album. Que vous ayez acheté le support dans votre boutique de scrap préférée ou fabriqué vous-même la structure, il va enfermer vos plus beaux souvenirs. Voici quelques conseils pour bien démarrer et surtout réussir votre mini-album.

Vous trouverez un large choix de mini-albums déjà prêts, de diverses formes, en carton, en papier, en transparent épais..., mais vous pouvez aussi construire votre propre mini-album, avec la forme et le matériau de votre choix.

1- Choisir ses photos

Les mini-albums permettent de mettre en scène plusieurs photos de façon très confortable. Plus vous aurez de photos, plus vous aurez besoin de pages ! Le thème s'imposera selon les photos sélectionnées. Une fois celles-ci choisies, réfléchissez, et essayez de dégager un thème. Vous pouvez vraiment vous adapter à la taille de vos photos : vous êtes libre de choisir le format et la forme du support. Mais, encore une fois, l'essentiel est de bien choisir les photos, celles qui vous touchent le plus, qui vous font revivre un instant précieux... Ce n'est pas leur beauté qui compte, c'est ce qu'elles représentent pour vous.

Journal

J'ai voulu recycler cette boîte en métal que je trouvais sympa pour enfermer, tel un trésor, un mini-album sur ceux qui me sont chers. Une structure en papier uni, de la peinture, quelques embellissements et des couleurs fraîches et acidulées mettant en avant mes photos de portraits.

2- Choisir ses papiers

Que vos photos soient en couleurs ou en noir et blanc, utilisez des papiers qui vous plaisent. Il est clair que travailler des photos en noir et blanc vous permet de scrapper n'importe quelle couleur et que vous aurez du contraste en choisissant cette option. L'idéal est de choisir 5 à 6 papiers imprimés et de varier les motifs : un papier à fleurs, un à pois, un uni, un rayé, un à carreaux. Tous les fabricants de papiers de scrap proposent des collections de papiers qui s'harmonisent. Ces collections présentent divers imprimés avec la même palette de couleurs : si le thème de vos photos correspond au thème d'une collection de papiers, n'hésitez pas !

3- Choisir les embellissements

C'est le moment de vous lâcher ! Aucune restriction ! Fleurs, étoiles en carton, alphabets en mousse, stickers, décalcomanies..., vous avez une totale liberté sur ces éléments qui vont ajouter du peps à vos pages.

Un seul impératif : restez fidèle au thème de votre mini-album. Évitez par exemple les stickers étoiles de mer si l'album est consacré à vos dernières vacances au ski !

4- Choisir sa reliure

Selon le support, vous aurez à choisir une reliure. Qu'elle soit conçue avec des anneaux, du tissu, du ruban ou quoi que ce soit, c'est le support et votre humeur qui choisiront. Pour un album simple, privilégiez des albums du commerce, mais, si vous décidez de faire votre mini-album, choisissez pour la reliure des anneaux métalliques qui s'ouvrent, de la cordeline, du ruban, de fins morceaux de tissu, ou une reliure Bind-it-All (vous aurez besoin de la machine à relier Bind-it-All, avec des anneaux de toutes les tailles), si vous avez beaucoup de pages. Plus votre mini-album aura de pages, plus la reliure devra être simple, pour vous permettre d'ajouter des pages.

My man

Ce mini-album reprend une série de photos que j'avais prises de Damien un bel après-midi de printemps. Je les ai transformées en noir et blanc, et saturées, ce qui m'a permis de choisir tous les types de papiers. J'ai opté pour une collection assez masculine, avec des robots qui mettent en avant le côté enfantin des garçons, mais aussi une certaine joie de vivre au niveau des couleurs. Chaque double-page met en évidence une qualité de Damien.

Le conseil de Céline

Travaillez d'une page à l'autre. La page de gauche vous aidera toujours à trouver ce que vous allez mettre en page de droite. Une fois choisis les papiers que vous allez utiliser en page de gauche, il vous sera beaucoup plus facile de démarrer votre page de droite.

5- Construire sa mise en pages

La mise en pages doit être un moment de plaisir : le mini-album est souvent plus facile à scrapper qu'une page, car vous avez plusieurs photos sur le même thème et vous travaillez sur des surfaces plus petites.

Préférez une mise en pages soignée et assez épurée. Comme la surface de travail est plus petite, il est très important de savoir équilibrer l'espace. Évitez par exemple de « remplir » systématiquement les espaces vides. Une mise en pages est réussie quand l'œil est tout de suite attiré par la photo. Celle-ci ne doit donc pas être « écrasée » par une multitude d'éléments.

6- Rédiger les commentaires : le journaling

Le journaling, sur une page comme sur un mini-album, doit souligner les points importants : **Où ? Quand ? Qui ?**

Ces 3 points vous permettront de toujours situer votre image dans l'espace, dans le temps et de mettre en avant le personnage de l'image (s'il y en a).

Vous devez écrire l'essentiel. Les marques de scrap proposent des stickers « spécial journaling », ou encore des tampons avec des lignes, qui vous permettront d'écrire vos plus beaux souvenirs. Vous pouvez aussi tracer des lignes avec une règle et un stylo, ou bien écrire autour ou dans votre photographie.

Armez-vous des bons outils : un stylo noir (permanent, pour écrire sur vos photos), un stylo blanc, des petits tampons alphabets ou des stickers alphabets. Essayez ensuite de revivre les instants qui ont fait de ces photos des moments uniques, et écrivez vos émotions comme vous les ressentez.

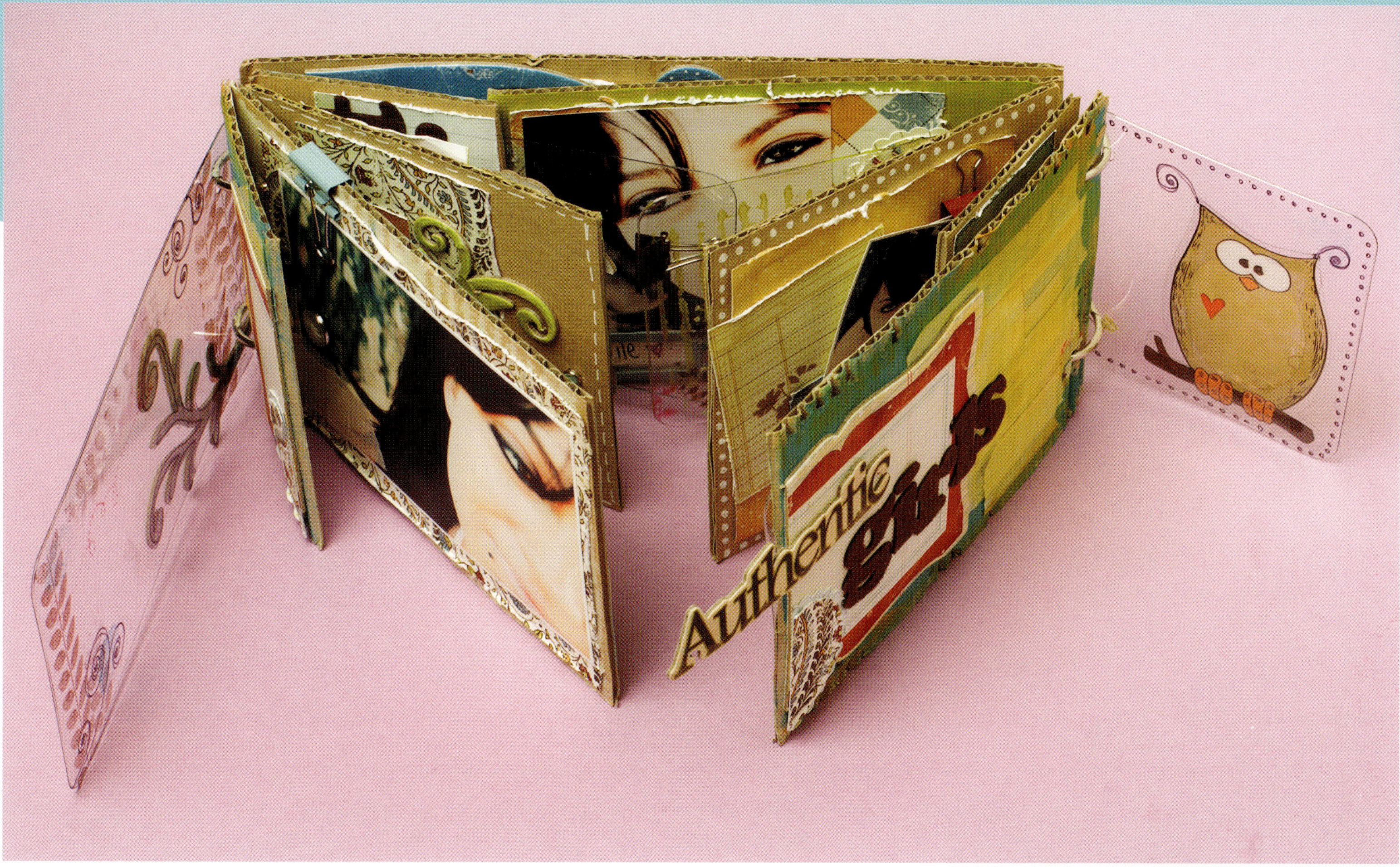

Quelques thèmes intéressants à scrapper

Et voici, en plus des thèmes récurrents (voyages, mariage, fête de famille, amis, enfants...), une série de thèmes intéressants à couvrir pour vos futurs mini-albums :

- La beauté qui m'entoure
- Maintenant
- Photos favorites
- Être une fille
- J'aime...
- Mes secrets
- Je confesse
- Ces petites choses qui me rendent heureuse
- Couleurs
- Sensations
- Heureuse
- Nous
- Buts de 2009/2010/2011
- Choses à faire cette année
- Mes citations préférées
- Films que j'aime
- Groupes préférés
- Couleurs de ma vie
- Je crois
- Un Jour (semaine) de ma vie
- Mes citations
- Mes amis
- Beauté de tous les jours...
- Compte à rebours jusqu'à l'arrivée de Bébé/Noël/2010...
- Mes défauts (à décliner pour toute la famille)
- Mes qualités (idem)

Authentic girl

Pourquoi ne pas monter votre premier album tout en carton? Facile à manier, peu onéreux, écolo, le carton va vite devenir une matière que vous allez adorer utiliser dans votre scrap. Ici, quelques planches format 10 x 15 cm et 10 x 20 cm se mélangent afin de former la structure de mon album. J'ai également enlevé la pellicule fine recouvrant les motifs ondulés du carton, afin d'avoir de la texture et du volume. Le carton réagit très bien à la peinture acrylique et vous pouvez aussi utiliser ces formes ondulées comme tampon : un peu de peinture sur les angles et le tour est joué !

atelier 3

Le graphisme

Le graphisme, dans votre scrap, déterminera le bon équilibre de votre page ou de votre mini-album. Un projet bien équilibré sera parfaitement réussi.

1981

J'ai découpé et détouré cette photo, car le fond n'avait aucun intérêt : les couleurs très vintage ressortent nettement sur ce fond clair. Le personnage est coupé, et je l'ai naturellement installé sur le bas de la page (au milieu, il aurait donné l'impression de flotter dans l'espace). L'espace vide du papier de fond amène le regard sur la photo.

Le graphisme par la photo

Le graphisme d'une page est déterminé par le format de la photo (horizontal ou vertical), son sujet... Si un graphisme particulier se distingue sur la photo, essayez de le reproduire avec du papier, de la peinture ou tout autre matériel que vous avez. Une photo de plage peut ainsi vous amener à recréer, sur la page, des vagues ou la texture dorée du sable.

Si la photo représente un visage cadré très serré, vous n'aurez pas la liberté de pouvoir « déborder » à l'intérieur du cadre avec des embellissements. Il vous faudra travailler en-dehors de la photo, et, pourquoi pas, créer un cadre autour avec des stickers ou des boutons. En revanche, si vous avez une image cadrée sur un personnage au loin, alors tous les types de construction sont possibles.

Le graphisme par le papier

Les motifs du papier choisi pour la page véhicule également un état d'esprit, un sentiment et donnera le ton à la page : un papier à pois, par exemple, évoque souvent la joie, l'énergie, l'enfance, l'enthousiasme ; votre page sera donc porteuse d'idées et d'ondes positives.

Le graphisme par les embellissements

Lors du placement des éléments sur la page (papier, fleurs, boutons, etc.), essayez de travailler avec la règle des 3 : 3 papiers imprimés, 3 fleurs, 3 boutons... Cela équilibre la page, permet de grouper les éléments et de guider le regard. D'autre part, je vous conseille de placer les groupes d'embellissements près de votre photo. S'ils se trouvent à l'opposé de l'image, le regard va être distrait : il est important d'amener doucement le regard **vers** la photo.

Graphiquement, chaque élément qui construit la page doit être lié aux autres : collez la photo sur le papier, placez des stickers à cheval sur le papier et la photo, faites déborder le titre sur la photo et les papiers, etc.

Le conseil de Céline

Testez l'emplacement de chaque élément à différents endroits. À un moment donné, vous allez savoir que cet élément est destiné à être collé dans un coin particulier : ce ruban doit être mis là, cette photo sera apposée sur ce papier... C'est simple, votre créativité choisit, et vous préférerez telle combinaison à une autre, sans trop savoir pourquoi, mais juste parce que cela plaît plus à votre œil.

Lovely

Je voulais mélanger papier, peinture en spray et liège pour cette page sur mes beaux-parents. Des couleurs chaleureuses, un côté un peu shabby, pour mettre en valeur ces beaux portraits en noir et blanc.

2 petits anges

J'avais envie d'une ambiance un peu baroque et pourtant masculine pour cette page sur mon filleul. Ces papiers étaient parfaits et une mise en page sobre était de rigueur. Superposition avec papier de fond chargé et papier plutôt clair pour faire ressortir ma photo, étaient mes maîtres mots pour la bonne construction de la page. Des lignes droites et une composition très géométrique valorisent mon cliché en noir et blanc.

Biarritz

Ici, j'ai retravaillé ma photo sous Photoshop (voir p. 112) pour qu'elle ait un aspect Vintage. J'ai choisi un papier de fond marron, façon « tapisserie ancienne », que j'ai associé à des couleurs contrastées. Comme ce papier est assez chargé, j'ai placé la photo dans le coin en bas à droite, et j'ai rassemblé mes différents éléments sur le bas du papier. Il ne faut pas avoir peur du « vide » : cela équilibre la mise en page qui reste aérée, et surtout, vous amenez le regard sur la photo. Les éléments collés ensuite (stickers, fleurs, décalcomanies...) sont mis à cheval sur la photo pour l'intégrer au fond.

atelier 4

Le scrap Freestyle

Comme son nom anglais l'indique, le scrap « Freestyle » est un scrap libre, sans règle, sans code, sans ligne de conduite particulière. Ce style de scrap permet de s'amuser sans se poser de questions au niveau de la mise en pages, des découpes ou de l'usage du massicot.

Liberté des techniques

Le scrap Freestyle utilise notamment les techniques du Mixed Media, (art où la récupération est reine), et où vous pouvez trouver des dizaines de techniques, comme les transferts, les créations de fonds de pages (voir pp. 50 à 55) ou l'utilisation de divers outils de beaux-arts. Si vous avez envie de passer votre photo à l'eau de Javel ou de déchirer votre papier, de le froisser, de le brûler, puis de le peindre, alors vous faites du scrap Freestyle !

Liberté des supports

Le Freestyle se définit aussi par une totale liberté du support, du choix des papiers, ou des photos. Un sujet farfelu ? Pourquoi pas ! Rien ne vous empêche de scrapper la photo de votre dessert favori ou d'un ticket de métro sur le trottoir. L'essentiel est d'être inspirée et de laisser cette créativité se dévoiler sur vos pages !

Mes VIP

Sur ce mini-album, on reconnaît le style Freestyle, non seulement par les couleurs saturées, mais aussi par une mise en pages destructurée et texturée. En effet, l'adhésif de masquage sur une partie des pages, permet d'ajouter de la texture, à condition de le placer tel quel sur le support et en y ajoutant de l'acrylique appliquée à la lingette. Ce superbe effet ajoute texture et contraste au projet. Les papiers utilisés sont également issus d'une collection très Freestyle, avec des effets de graffitis, aux couleurs flashy... Le Freestyle, c'est aussi un état d'esprit ; celui de se faire plaisir et de se dire : « Aucune règle, tout est possible ! ».

Trip à Barcelone

J'ai recyclé une enveloppe usagée pour m'en servir comme support. Elle m'a semblé en effet être le support idéal pour relater un week-end en amoureux à Barcelone. J'ai recouvert l'enveloppe de Gesso pour l'éclaircir. Après séchage, j'ai collé des papiers qui se fondent bien avec la couleur originale de l'enveloppe et avec le thème du voyage. J'ai ajouté une photo en noir et blanc pour qu'elle contraste avec les couleurs des papiers. J'ai fait des points de couture à la machine, puis fixé des rubans et des boutons...

Le choix du « fait main »

Un autre élément Freestyle : le tout fait main. Écrire ses titres à la main, faire des doodlings (des croquis au stylo, arabesques et autres formes graphiques, voir p. 78), altérer ses photos... Beaucoup de scrappeuses Freestyle n'utilisent jamais de massicot (moi, par exemple), car elles préfèrent l'irrégularité des découpes de papier au lieu d'une symétrie. Vous pouvez aussi créer vos propres papiers imprimés : fabrication de vos propres fonds, usage des tampons, ponçage, etc. Nous verrons ces techniques plus tard dans le livre.

atelier 5

Un événement multiphotos

Un mariage, les vacances, la naissance de Bébé : autant de moments précieux que nous ne cessons d'immortaliser avec notre appareil photo. Ces dizaines, voire ces centaines de photos, entassées dans des boîtes ou mémorisées sur nos disques durs, n'attendent qu'une chose : être scrappées !

Si vous souhaitez scrapper plusieurs photos en une seule fois, vous disposez de 3 solutions principales : la page multiphotos, la double-page 30 x 30 cm et le mini-album.

Le conseil de Céline

Pourquoi ne pas scrapper votre photo principale en couleurs, et la série de petites photos en noir et blanc ? Cela permet de jouer sur les couleurs et de faire ressortir la photo principale par rapport aux autres.

La page multiphotos

Pour organiser une page avec beaucoup de photos, je vous conseille de sélectionner des photos de taille 6 x 8 cm, ou en format photo d'identité, car vous aurez besoin de les regrouper côte à côte pour créer un « bloc » de photos, et ainsi avoir un ensemble cohérent. Pensez aussi à lier les photos entre elles par des embellissements, du ruban, de la couture, des fleurs..., pour obtenir un groupe uni et ne pas avoir d'éléments isolés. Le graphisme de la page dépend essentiellement du positionnement des photos. À l'horizontale ou à la verticale, le sens dans lequel vous allez les placer va conditionner la façon dont vous apposerez votre titre ou tout autre embellissement.

Il n'y a pas de règle quant au nombre de photos que vous pouvez mettre dans une page : tout dépend de leur format. Vous pouvez intégrer 5 photos de 6 x 8 cm, aussi bien que 10 photos de 3 x 5 cm. Le plus important est d'être fidèle au thème choisi : une série de portraits d'un proche, les photos d'un voyage inoubliable, un anniversaire, un objet détaillé sous toutes ses coutures... Utiliser plusieurs photos sur la même page vous permet d'entrer dans le détail.

Voyage unique

J'ai utilisé ici la planche contact des photos (livrée dans la pochette), que j'ai fait développer. L'idée d'utiliser cette planche-contact peut être intéressante selon les photos qui apparaissent dessus. Il s'agit en effet de construire une page en faisant ressortir certaines des photos et d'en mettre en avant un maximum du même thème. Ici, j'ai entouré certaines de mes photos coups de cœur avec des minicadres en caoutchouc. J'ai ensuite simplement joué avec des chutes de papier, des Rub-ons, du ruban. Il ne me restait plus qu'à donner un titre...

La double-page 30 x 30 cm

Une double-page, ce sont 2 pages 30 x 30 cm (ou autres…) travaillées côte à côte, qui permettent de mettre en scène un maximum de photos, sans pour autant être obligée de faire un mini-album. Comme la surface de travail est importante, préférez les photos 10 x 15 cm : la mise en scène sera plus facile à organiser et vous éviterez les heures de réflexion pour disposer les images.
N'hésitez pas cependant à jouer sur plusieurs formats de photos pour renouveler la mise en page. Par exemple, vous pouvez utiliser 1 photo 10 x 15 cm ainsi que 2 à 3 photos dans un format plus petit (comme du 6 x 8 cm). Le nombre de photos sur une double-page varie selon le format de celle-ci. Plus les photos sont petites, plus vous pourrez en mettre. Sachez que l'essentiel n'est pas d'en mettre un maximum, mais de sélectionner celles qui sont les plus importantes pour vous. Si un événement important se résume en 5 photos-clés, il est inutile d'imprimer les 60 photos du même événement et de les scrapper sur 15 pages. L'essentiel, c'est de choisir vos photos-clés. Enfin, je vous rappelle qu'il est impératif de ne pas « éclater » vos photos et de créer un lien entre vos 2 pages : vous devez les lier par des papiers, des embellissements, pour obtenir une vraie double-page, et pas seulement 2 pages 30 x 30 cm.

Inspiration
Késia a choisi de construire sa double-page avec 2 papiers Bazzill blanc format américain (8,5 x 11 inches). Elle a centré ses photos en une mosaïque efficace et colorée, et a repris la palette des couleurs principales de ses photos (turquoise, corail et blanc) dans le choix de ses papiers. En concentrant ses photos, et en les collant sur la page de gauche, elle met l'accent sur le journaling et sur son titre page de droite, provoquant ainsi un équilibre graphique. (Double page Késia [Laeticia Roulleau])

Le conseil de Céline

Si vous n'avez encore jamais fait de mini-album, commencez par choisir 10 photos en noir et blanc : elles sont toujours plus faciles à travailler, car elles se marient avec toutes les couleurs. Il vous sera plus aisé d'avancer si vous vous sentez libre de choisir n'importe quel papier.

Le mini-album

Si vous avez une série de photographies sur un même thème, alors le mini-album est idéal ! Si vous partez d'un album tout fait, vous devrez vous adapter à son nombre de pages. En revanche, si vous créez vous-même l'album, vous serez totalement libre de choisir le nombre de pages. Dans tous les cas, chaque page du mini-album doit « amener » votre lecteur à la suivante. En effet, que ce soit au niveau visuel ou textuel, chaque page doit avoir une cohérence dans le sens de lecture. Respectez toujours une certaine continuité.

+ Vous souhaitez évoquer un voyage jour après jour ? Alors, il vous faut organiser votre album en respectant les dates de prise de vue.
+ Vous souhaitez consacrer un album à une seule personne ? Pourquoi ne pas évoquer une qualité (ou un défaut) par page ? ou par photo ? Chaque qualité vous amènera à la suivante...

Amies

Cet album met en scène beaucoup de photos. Aucune mesure n'a été prise, aucune règle ou crayon à papier n'ont été utilisés... Peintures, encres et Edge distresser (ce merveilleux appareil qui permet d'abîmer les bords des papiers) ont été les véritables compagnons de cette création.

atelier 6

Scrap Home Déco

Le scrapbooking ne se résume pas seulement aux pages et aux mini-albums : il peut se transformer en véritable œuvre d'art si vous décidez d'accrocher vos créations sur les murs de votre maison ou si vous créez des projets sur des supports de décoration.

Les supports existants

Vous n'êtes absolument pas limitée. De nombreuses marques de scrap vous proposent des objets sur lesquels vous pouvez fixer des photos et les intégrer à un décor.

- Des châssis entoilés
- Des monogrammes en papier mâché ou en bois
- Des cubes en papier mâché ou en bois
- Des mots en bois
- Des cadres transparents
- De grosses épingles en bois...

Selon le support choisi, il vous faudra œuvrer différemment : un support en plastique ne se travaille évidemment pas comme un support en papier mâché. Par exemple, si vous choisissez un support transparent, privilégiez les encres permanentes (je conseille vivement l'encre Staz-on – encre permanente pour support non poreux - plexi, métal, verre, plastique...), de la colle invisible (Glue Dots, une colle en feuille parfaite - l'Invisi Dots), des transparents ou des papiers recto verso.

Si vous choisissez des toiles, évitez de coller vos papiers imprimés à la colle vinylique : ils vont se ramollir, et rester gondolés. Rien de tel pour gâcher le papier ! L'idéal est de travailler avec du ruban adhésif autocollant. Vous pouvez aussi préparer le fond à l'acrylique (pas de peinture à l'huile pour le scrap, trop long à sécher, cher et difficile à utiliser), avant d'ajouter des papiers imprimés.

Vous pouvez construire vos propres supports avec du carton, des cadres en bois récupérés au fond d'un placard, ou encore construire un mobile à base de photos.

Clipboard pretty girl

J'aime les clipboards en bois car ils permettent de mettre en valeur une belle photo, de l'utiliser en page ou en mini-album. C'est un support rigide que vous pourrez facilement peindre ou altérer selon vos envies. Ici, je voulais célébrer l'entrée dans l'âge adulte de ma cousine Laurie (bien qu'elle soit encore jeune, d'où le côté teen-ager) en la mettant en scène sur ce clipboard. Je l'ai travaillé avec des couleurs très tendance et très modernes, pour mettre en valeur son joli petit minois.

I love you

Ce cadre a été entièrement réalisé à partir de chutes de papiers. J'ai choisi de travailler en « couche », avec des mélanges de textures et de matériaux différents.

Créer sa page Home Déco

Matériel : cartons de récupération, papiers divers, alphabet en mousse, embellissements divers.

1

Découpez un rectangle de 13 x 18 cm dans un carton de récupération (boîte de céréales, cartonnette...) et recouvrez-le avec du Vénilia au motif faux bois.

2

Imprimez une photo, de préférence en noir et blanc, pour qu'elle se détache. Si vous gardez, comme moi, vos chutes de papiers, c'est le moment de les utiliser ! Papiers imprimés, petits bouts de papiers colorés, napperons de pâtisserie... et même des morceaux de tissu, et tout autre petit élément de récupération. Organisez ces éléments autour du rectangle de carton, pour qu'ils encadrent la photo.

3

Lorsque vous êtes satisfaite de la mise en page, collez les différents éléments. Pour finir, définissez votre titre. Ici, j'ai utilisé un alphabet en mousse American Crafts. Le choix de la mousse s'est imposé pour ajouter une nouvelle matière à mon cadre, et d'une couleur qui contraste avec le marron et le kaki (2 des couleurs principales).

Peintures et couleurs

III

La peinture est un outil essentiel dans le scrapbooking. On l'utilise pour donner de la couleur aux chipboards, « encrer » les papiers et les photos, faire des fonds de page...

atelier 1

Créer ses fonds à l'acrylique

Certes, il existe un très large choix de papiers imprimés. Mais, créer ses propres fonds à la peinture permet de les personnaliser et transforme les pages en œuvres absolument uniques.

Utiliser l'acrylique

Sachez que vous pouvez utiliser 2 types de support : un papier épais (genre papier aquarellable), de 30 x 30 cm (ou autre, tout dépend du format que vous souhaitez scrapper), ou un papier imprimé, auquel vous donnerez ainsi une seconde vie. Et, même si vous adorez vos papiers imprimés, n'hésitez pas à y faire des tests de peinture.

Le conseil de Céline

Le fond ne sera réussi que si l'acrylique couvre totalement le fond imprimé. Utiliser de la peinture transparente pour cette technique ne fera pas ressortir les couleurs utilisées, mais les fondra seulement dans l'imprimé de votre papier.

Les outils nécessaires

- De la peinture acrylique
- Des pinceaux en mousse et des pinceaux à poils
- Un rouleau de caoutchouc pour étaler la peinture
- Du Gesso (peinture acrylique d'apprêt blanche qui permet de « préparer » une toile en lissant la surface)
- Facultatif : des tampons, de l'encre, des crayons aquarellables.

· 1 · Pour commencer, choisissez 3 couleurs de départ. Celles-ci doivent se marier ensemble. Évitez les couleurs sombres, vraiment trop tristes, puisque vous allez appliquer de la peinture sur 90 % du support. évidemment, une fois experte, vous n'êtes absolument plus obligée de vous contenter de 3 couleurs !

· 2 · Appliquez la couleur claire en premier sur 90 % de la surface, au pinceau ou bien au rouleau en caoutchouc ou en mousse. Une fois le fond sec, appliquez la 2e couche, uniquement sur le milieu de la page, et légèrement sur les bords. La 3e couleur sera celle que vous appliquerez le moins : c'est la plus foncée des 3, elle ne doit donc être présente que par petites couches, pour contraster avec le fond, et non l'assombrir.

· 3 · Une fois le fond entièrement recouvert de peinture, laissez sécher. Pendant ce temps, choisissez quelques papiers imprimés, vous allez scrapper votre « fond-peinture » très bientôt : en effet, la peinture acrylique sèche en quelques minutes !

Destination Brésil

La création du fond est ici très simple. Je suis partie d'un papier dit « kraft » (de par sa couleur). Une simple application de Gesso avec un rouleau en caoutchouc permet d'obtenir cet effet « crépi ». Le blanc donne toujours beaucoup de contraste et de lumière. Ici, le fond au Gesso fait ressortir la mosaïque de photos et de papiers, tout en restant relativement discret. L'application d'un grand sticker fleuri transparent (American Crafts) permet d'ajouter un motif et « d'habiller » le fond.

Couleurs

Ce mini-album fait état des couleurs qui m'inspirent, autant en scrapbooking qu'en photographie. J'ai ainsi choisi de le travailler tout en texture et peinture : certaines pages, à base de cartonnette, sont enduites de Gesso, puis travaillées au pinceau et au rouleau avec diverses couleurs. Pour une harmonie visuelle, je suis restée dans la même palette de couleurs que pour les papiers imprimés avec lesquels j'ai complété mon album : bleu, vert, marron.

Le conseil de Céline

Sachez que vous pouvez aussi peindre sur du carton de récupération ou de la toile non tendue, pour des effets très déstructurés et texturés !

Tom, love

La structure, facile à fabriquer (pliez simplement le papier en accordéon) et un fond de peinture différent sur chaque page, amène luminosité et contraste à cet album dont les photos sont des portraits de personnes chères à mon cœur.

Le conseil de Céline

Il n'y a pas de recette parfaite pour créer vos propres fonds, seulement de l'expérimentation ! Si le fond ne vous plaît pas, alors passez une couche épaisse de Gesso, laissez sécher et recommencer jusqu'à satisfaction ! C'est aussi simple que cela...

Créer son propre fond de page

- **1** · Choisissez 3 couleurs assorties à la photo. Récupérez une feuille de papier journal, une vieille carte routière ou tout autre support déjà imprimé. Collez-le avec de la colle en bâton sur une cartonnette de 30 x 30 cm.
- **2** · Étalez une fine couche de Gesso, dilué avec un peu d'eau (pour éviter que la couleur soit trop opaque) afin de masquer légèrement le texte du support : il faut que l'écriture reste visible, du moins par endroits, ce qui donnera un effet de transparence une fois la couleur posée.
- **3** · Essuyez avec une lingette pour bébé.
- **4** · Appliquez du ruban adhésif à divers endroits et arrachez des bandelettes de papier pour créer des zones sans texte : le carton apparaît à ces endroits.
- **5** · Sélectionnez la couleur à appliquer en premier, et couvrez tout le fond au pinceau ou au rouleau. Laissez sécher. Appliquez votre 2e couleur par intermittence : vous ne voulez pas recouvrir entièrement la première couche, mais juste donner des reflets. Avec votre 3e couleur, démarquez les bords et faites ressortir certaines parties du texte.
- **6** · Utilisez un gobelet en plastique comme tampon : trempez-le dans le pot de Gesso et imprimez des cercles sur le fond ; puis créez des contrastes et des motifs faciles à marier.
- **7** · Appliquez un rouleau à pizza préalablement enduit d'encre noire. Vous pouvez aussi poser quelques gouttes d'encre colorée de part et d'autre de la page pour rajouter une 4e couleur à votre palette. Votre fond est prêt à être scrappé !

Le conseil de Céline

Le rouleau est extrêmement utile pour faire des fonds à la peinture : il vous permet de progresser rapidement d'obtenir une couleur uniforme et homogène.
Suivant « l'âge » du rouleau, celui-ci créera des textures et des impressions intéressantes.

Such a Lovely Bride
Le fond de cette page a été entièrement réalisé avec de la peinture et du papier journal.

atelier 2

Créer ses fonds à l'aquarelle

L'aquarelle est idéale pour créer des fonds pastel, aux tonalités très douces. L'une de ses principales propriétés est la transparence et l'un de ses principaux avantages la rapidité d'exécution.

En tube ou en carré sec, l'aquarelle se travaille de préférence sur un papier épais, de plus de 200 g (pour éviter qu'il gondole). Vous pouvez appliquer l'aquarelle directement au pinceau humide, ou bien après avoir légèrement humidifié le support. Pour amener de la couleur, il vous suffit d'humidifier le pinceau dans de l'eau propre et de mélanger la peinture. Vous pouvez aussi utiliser un papier imprimé clair pour faire un fond (voir ci-après). Pour cela, munissez-vous d'un gobelet d'eau propre, d'un pinceau fin et de la palette d'aquarelle. À chaque changement de couleur, rincez le pinceau. De même, à chaque fois que le pinceau n'a plus de couleur, il faut le recharger d'eau et rajouter de l'aquarelle. Appliquez ensuite la couleur de façon irrégulière.

Self portrait

Cette page a été travaillée avec plusieurs couches d'aquarelle, directement sur un papier sec, pour obtenir des couleurs chatoyantes. Choisissez, comme ici, un papier avec un dessin imprimé. Appliquez de l'aquarelle très diluée : la peinture étant très liquide, elle est rapidement absorbée par le papier ; il est donc impossible de la « travailler » une fois le pinceau posé sur le papier. Appliquez-la rapidement aux endroits que vous souhaitez colorer et repasser par-dessus si vous souhaitez la rendre plus vive.

My angel

Sur cette page, j'ai utilisé de l'aquarelle en pastilles. Avec un pinceau humide, je suis allée « chercher » les couleurs successivement. Tout d'abord, le rouge vient créer mon motif principal : des bulles. J'ai dessiné les bulles une à une, puis créé un cadre rouge tout autour de la page. Ensuite, avec du jaune, j'ai rempli irrégulièrement chaque bulle. Pour le ciel, j'ai peint un joli bleu. J'ai créé les nuages au fur et à mesure que j'ajoutais ma couleur (j'ai bien pris soin de recharger le pinceau en eau et en aquarelle à chaque fois qu'il n'y en a plus sur celui-ci). J'ai enfin choisi du vert pour la partie inférieure de ma page.

Page so big

Pour cette page demi-format, Karine a travaillé en réserve : utilisant des bandes de ruban adhésif de masquage, elle a appliqué sa peinture acrylique par-dessus, évitant ainsi d'imbiber son support d'aquarelle. Chaque élément est ensuite coloré (rond, carré...), puis détouré au stylo noir. (Page de Karine Cazenave-Tapie)

atelier 3

Les encres Distress

Ce sont des encres grasses que l'on peut travailler à sec et avec une éponge, pour vieillir certains papiers. On peut aussi les utiliser très diluées pour donner un effet coloré et marbré à des tags, des papiers ou tout autre fond uni.

L'idéal est d'utiliser du papier bristol, un papier brillant ou légèrement brillant, qui va permettre d'utiliser les encres un peu comme de l'aquarelle. Le papier Canson et autres papiers texturés (avec beaucoup de fibres) sont déconseillés car ils empêchent de travailler les encres comme un lavis. C'est difficile également sur un papier déjà imprimé : soit parce que celui-ci sera trop foncé (en effet, on obtient avec ces encres un résultat transparent), soit parce que l'imprimé en lui-même vous en empêchera (trop chargé). Voici comment vous amuser avec les encres Distress sur des étiquettes en papier, parfaites pour cette technique.

Créer des effets avec l'encre Distress

Matériel : un tapis teflon, un encreur, de l'encre Distress, des étiquettes, un Heat Gun

1

Utilisez impérativement un tapis Téflon. Ce tapis, qui permet à l'encre de rester à la surface sans pénétrer, accueillera autant de couleurs d'encre que vous le voulez : frottez directement l'encreur dessus (et répétez l'exercice autant de fois que nécessaire selon le nombre de couleurs que vous souhaitez utiliser).

2

Vaporisez de l'eau propre sur l'encre et appliquez l'étiquette sur les encres diluées. En retirant le papier, l'encre Distress a pris un effet aquarelle, toujours aussi pigmentée, mais le mélange avec l'eau a créé comme un nuage de couleurs. Sur le tapis Téflon, vous remarquerez la présence de gouttelettes d'encre.

3

Après avoir séché le support avec un Heat Gun, appliquez de nouveau le support sur ces gouttelettes pour créer du volume et une superposition de couleurs. Renouvelez l'expérience autant de fois que souhaité. Le temps de séchage pour cette technique est très rapide. Si vous préférez laisser sécher à l'air libre, comptez environ 25 minutes après chaque application d'encre (la dilution avec de l'eau augmente le temps de séchage). Vous venez de fabriquer votre propre fond.

Ensemble

Sur cette page, j'ai utilisé de l'encre Versamark et de la poudre à embosser blanche pour tamponner mon fond de page. Une fois le tampon appliqué sur la page, la poudre à embosser chauffée, j'ai appliqué de l'encre Distress avec une éponge par-dessus le motif embossé : la poudre chauffée a comme un effet plastifié, ainsi, l'encre n'accroche pas sur celle-ci, et colore uniquement mon papier de fond.

Pour un effet encore plus usé, utilisez un Edge distresser (petit outil doté d'une lame de rasoir protégée de plastique pour éviter de vous couper), pour gratter les bords de votre étiquette. À l'aide d'une petite éponge, appliquez une autre couleur d'encre sur ces bords abîmés et vous verrez, le résultat est détonnant : de la couleur tout en texture !

Plusieurs options s'offrent à vous: vous pouvez utiliser votre fond tel quel, comme un papier imprimé sur lequel vous allez construire une page, ou bien vous pouvez le découper, le perforer, le tamponner, etc.

Le conseil de Céline

Avec une éponge ou Cut'n dry (petite éponge blanche spéciale pour encre Distress), vous pouvez encrer les bords des découpes ou des formes perforées avec la couleur de votre choix.

Par exemple, le fond réalisé, utilisez une perforatrice ronde festonnée et une encre plus foncée, puis passez l'éponge sur les contours de la forme. Celle-ci sera mise en valeur et les bords encrés feront ressortir les couleurs du fond. Vous pouvez aussi utiliser l'encre Distress uniquement pour encrer les bords des papiers ou les vieillir (choisissez une encre dans des tons de marron). Imbibez une éponge avec une encre de votre choix et appliquez sur les bords du papier (uniquement sur la tranche ou en débordant sur l'intérieur de la surface). Le séchage est quasi instantané.

Se mettre au vert

Karine manie les encres comme personne : couleurs, textures, motifs, elle créée de véritables papiers imprimés grâce aux encres Distress. Ici, elle mélange imprimés et papiers encrés sur une page romantique et colorée. (Page de Karine Cazenave-Tapie)

Le conseil de Céline

Plus particulièrement attirée par les encres colorées et vives, j'utilise souvent les encres orangées, rouges, rosées, jaunes et bleu turquoise, mais vous trouverez dans la gamme des encres Distress, les couleurs qui vous conviendront le mieux : du marron clair en passant par le jaune vif, du brun foncé au vert anis... Ces encres seront parfaites pour donner une touche artistique à vos pages.

Créer une page avec les encres Distress

Matériel : un tapis Téflon, des encreurs, du papier aquarelle, du papier Canson, du Gesso, des encres Distress, des gobelets en platique, un stylo correcteur

- 1 · Frottez 2 encreurs sur le tapis Téflon. Vaporisez-le avec de l'eau : des gouttelettes, ayant pris la couleur de l'encre, apparaissent. L'encre se dilue ainsi avec l'eau.
- 2 · Avec une éponge, récupérez l'encre et appliquez-la sur le papier Canson. Plus vous rajoutez d'encre, plus le fond devient vif. Répétez l'opération avec l'autre couleur.
- 3 · Vous obtiendrez les motifs ronds blancs à l'aide d'un gobelet en plastique et de Gesso. Deux options s'offrent à vous : vous pouvez appliquer le Gesso sur votre gobelet en plastique et l'apposer directement sur le fond vierge, le chauffer au Heat Gun et appliquer ensuite les encres Distress (dans ce cas, l'encre teintera légèrement le cercle de Gesso), ou bien, une fois le fond à l'encre terminé et sec, appliquez simplement le gobelet aux bords imprégnés de Gesso et tamponnez sur le fond (voir p. 52).
- 4 · Utilisez un stylo correcteur pour écrire titre ou journaling (ou même du doodling).
- 5 · Une fois le fond prêt, mariez-le avec d'autres papiers unis et imprimés (dont le violet qui mate la photo, obtenu avec de l'encre Distress diluée violette, sur un papier aquarelle imprimé noir et blanc).
- 6 · Construisez votre page et admirez le bel effet de ces encres volatiles !

Le conseil de Céline

Je vous conseille vivement de faire l'acquisition d'un tapis Teflon : imperméable (aucun liquide ne peut pénétrer) et ultrarésistant à la chaleur, il est parfait pour l'embossage et, surtout, le travail avec les encres Distress !

Real Friends

J'ai choisi ici de teinter un morceau de papier Bristol avec des encres Distress de couleur rose foncé et orange vif.

atelier 4

Les pochoirs

Les pochoirs (ou Mask, nom anglo-saxon qui désigne le même mot), utilisés en scrap, sont généralement en plastique. On les utilise pour ajouter un motif discret sur un fond de page ou pour masquer d'éventuels éléments disgracieux sur une photo.

Vue magique

Sur ma première page, j'ai utilisé un pochoir Heidi Swapp, que j'ai appliqué délicatement sur mon papier de fond. Une fois le pochoir bien en place, j'ai vaporisé de l'encre liquide pailletée de Tattered Angels (les encres Glimmer Mist), pour donner un discret aspect brillant et chatoyant à ma page.

Le pochoir est une forme (fleur, branche, oiseau...) ajourée que l'on pose sur un support : elle retient la peinture là où la forme plastique est présente, mais la laissera passer là où elle est ajourée. Il existe dans le commerce toutes sortes de pochoirs aux formes intéressantes.

Fabriquer ses pochoirs

+ Vous pouvez transformer n'importe quel objet en pochoir : grillage, clés, découpes, et même les mains de vos enfants ! Évitez seulement les matériaux trop souples ou fins, qui risquent de trop absorber l'encre, la peinture et le liquide. Vous pouvez découper et perforer, bref créer vos propres pochoirs ! Tous types de formes sont bienvenus : cercles, ronds, fleurs, étoiles, branches, oiseaux, grillages, notes de musique, et bien d'autres.
+ Privilégiez le plastique fin et la cartonnette, qui sont résistants et réutilisables. Pour le pochoir en plastique, il vous suffit de le nettoyer sous l'eau ; pour un pochoir en cartonnette, de laisser sécher la peinture.
+ Évidemment, vous pouvez utiliser vos perforatrices préférées pour créer des pochoirs.
+ Pour des pochoirs de grande taille, utilisez des ciseaux ou un cutter, et découpez les formes qui vous font envie ! Si vous craignez de ne pas réussir votre forme : tracez un dessin au crayon à papier sur la cartonnette, avant de découper.
+ Vous pouvez aussi récupérer les formes de certains chipboards et détourer leurs gabarits sur votre support avant de découper au cutter.

Le conseil de Céline

Pour faire adhérer le pochoir au support, fixez-le sur la page avec une bombe de colle repositionnable, pour l'empêcher de bouger au moment où vous allez appliquer la peinture (et surtout si vous utilisez de l'acrylique à l'éponge, son application risque de faire bouger le pochoir). En revanche, si vous utilisez de la peinture en spray, inutile de le coller : il suffit juste de vaporiser au-dessus du pochoir pour qu'il ne bouge pas !

Aime la vie

Ayant trouvé une boîte remplie de vieux boutons de toutes sortes au marché aux puces de Montpellier, j'ai utilisé certains d'entre eux comme pochoirs. En effet, posés sur mon fond de page uni, ces boutons, de tailles différentes, ont créé un fond unique, une fois la peinture en spray Glimmer Mist appliquée. J'ai ensuite enlevé mes boutons, les ai nettoyés ; puis, la peinture sèche, j'ai détouré certaines formes au stylo blanc pour faire ressortir le négatif du bouton.

Les tampons

atelier 5

Les tampons sont des outils indispensables en Scrap : que ce soit pour créer un fond imprimé, écrire un titre ou un journaling, ajouter un embellissement..., des milliers de designs, d'alphabets, de formes sont disponibles sur le marché. À vous de trouver ceux qui vous inspirent !

Choisir les tampons

Bien moins chers que les Rub-ons, ils permettent d'obtenir des effets beaucoup plus variés, puisqu'il suffit de changer la couleur de l'encre pour obtenir un nouveau motif et habiller différemment la page.

Ils existent sous différentes formes, qui ont chacune des avantages et des inconvénients.

+ **En caoutchouc monté sur bois,** ils sont immédiatement utilisables, mais sont plus onéreux et plus encombrants, donc plus difficiles à ranger.
+ **En caoutchouc non monté,** ils prennent moins de place dans vos tiroirs : il faut alors acheter un système (peu cher) pour les monter.
+ **En caoutchouc transparent** (plus communément appelé Clear), ils sont moins chers et plus faciles à ranger.

Quant aux motifs, ils sont très divers et de toutes tailles : des cœurs, des fleurs, des étoiles, des alphabets, des dessins ornementaux (arabesques et autres)...

Pour choisir vos tampons, préférez ceux qui sont fidèles à votre style : des motifs floraux si vous êtes plutôt Shabby, des flèches ou autres doodlings si vous êtes plutôt Freestyle, des tampons journaling si vous êtes plutôt Clean & Simple, bref, allez-y au coup de cœur !

Choisissez de préférence les tampons « Clear » ; pour les utiliser, rien de plus simple : décollez-les de la planche et montez-les sur un support acrylique ou une boîte à CD. Vous verrez, ils sont statiques ! Vous pouvez ensuite les poser sur des feuilles de rétroprojecteur et les ranger dans des pochettes plastiques.

Fabriquer un tampon avec une gomme

Vous aimez dessiner et vous avez envie de créer vos propres tampons ? Gravez donc vos propres motifs dans une simple gomme d'écolier ! Vous aurez juste besoin d'un outil à graver, que vous trouverez facilement dans les magasins de beaux-arts, au rayon sculpture, et de quelques morceaux de gommes.

1

Préférez une gomme blanche, tendre (celle que l'on trouve dans le rayon scolaire du supermarché). Faites d'abord votre dessin sur du papier, à l'échelle de la gomme.
Une fois le dessin terminé, utilisez un stylo feutre pour repasser chaque ligne du motif, et, avant que l'encre sèche, appliquez le dessin sur la gomme : le dessin sera ainsi transféré.

2

Vous n'avez plus qu'à suivre les lignes avec votre outil à gravure (ou un cutter) et creuser jusqu'à ce que votre tampon soit terminé.

Faire un tampon avec un transfert

Matériel : du gel Médium, une gomme

Vous pouvez également imprimer l'image d'un motif qui vous plaît sur un papier, et le transférer avec la technique de transfert au gel medium.

1

Appliquez votre gel sur l'image.

2

Posez celle-ci côté gel sur le dos de la gomme. Faites bien adhérer l'image sur la gomme. Puis laissez sécher. Appliquez ensuite de l'eau sur le dos de votre image et frottez avec le doigt : l'image se révèle sur votre gomme !

3

Gravez ensuite.

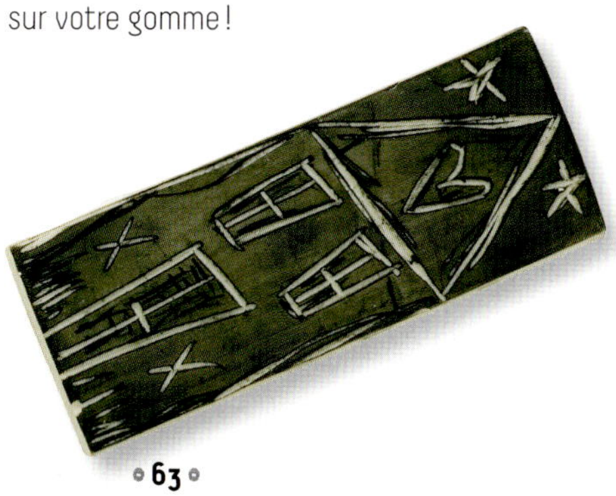

Le conseil de Céline

N'hésitez pas à jouer sur les motifs et les couleurs. Essayez le même motif (fleuri, par exemple), mais avec des couleurs différentes. Créez un fond imprimé en combinant différents tampons du même thème pour obtenir un fond unique et design.

Choisir les encres

Selon le support, vous n'utiliserez pas les mêmes encres car elles n'accrochent pas toutes de la même façon sur les différents supports.

+ Si vous souhaitez tamponner sur du papier ou un autre support à fibres (du tissu par exemple), et obtenir un motif parfaitement net, utilisez des encres à pigment sec (Dry Pigment Ink) telles que Versafine ou Archival, qui sont des encres très fines qui garantissent un résultat parfait.
+ Si vous souhaitez tamponner sur des surfaces non poreuses, comme le plastique, le métal, le bois ou le papier calque, une seule encre est à conseiller : Stazon de chez Tsukineko.

Le jeu de disposition

Il existe de nombreuses façons d'utiliser un tampon sur vos projets scrap.

+ Utiliser le motif comme ornement

Quel que soit le motif, vous pouvez l'utiliser sur du papier blanc ou coloré, découpé et collé sur la page. Il devient alors embellissement à part entière.

+ Utiliser le motif en répétition

Certains tampons doodling, fond à pois (ou autre motif), journaling... peuvent être certes utilisés comme embellissements, mais aussi orner le fond de la page. Vous pouvez tamponner plusieurs fois et de manière circulaire le même motif doodling, afin d'avoir un motif complètement différent du tampon d'origine, mais surtout pour habiller le fond et créer une forme visuelle intéressante. Essayez différents tampons : répétition d'un tampon mot pour accrocher l'œil sur un titre bien distinct, un tampon ligne à pois pour amener un effet graphique au fond de page... Je suis certaine que vous trouverez mille et une façons d'utiliser vos tampons de façon créative !

Utiliser une partie du tampon

Appliquez l'encre seulement sur la partie du tampon qui vous intéresse en utilisant de petits encreurs. Cet effet peut être très intéressant si vous avez des mots à mettre sur vos pages et que vous souhaitez les couper pour un effet graphique sympa.

Juillet 2008

Chaque élément de la page est un tampon : cage à oiseaux, papillon, nuage, soleil, étiquettes. Elle nous montre qu'avec une couleur d'encre différente et du volume, les tampons sont parfaits pour remplacer des embellissements. (Page de Virginie Ventura)

À quoi tu penses ?

Ici, ce sont des tampons motifs qui deviennent embellissements à part entière : leurs formes doodling (dessins à la main) ajoutent de la légèreté et un côté un peu baroque à ma page. Certains tampons laissent de l'espace pour écrire, n'hésitez pas alors à mettre le journaling, voire le titre, dans l'espace approprié.

atelier 6

L'eau de Javel

Avec l'eau de Javel, on s'amuse à altérer les photographies pour leur donner un aspect artistique. Elle permet notamment de faire disparaître certains fonds disgracieux des photos. Mais surtout la Javel apporte un effet détonnant !

Sœurs
Pour cette page, j'ai travaillé l'ensemble de la photo avec la Javel pour avoir un effet très rosé et jaune sur toute mon image.

Petite histoire

Voici une technique issue directement du Mixed Media, art qui vient tout droit des États-Unis, qui est l'art de créer des collages, des peintures, des objets en 3D, des art journals, avec des matériaux divers, d'où le nom : Mixed (mélangé) et Media (médium, support, matériau).

Quand vous faites développer, dans un laboratoire, des photos (noir et blanc ou couleur) issues d'un appareil numérique, vos images sont développées de manière « standard » (expositions dans le noir total, bains chimiques, etc.) sur papier couleur obligatoirement. C'est grâce à ce papier couleur que l'on obtient ces effets avec l'eau de Javel, celle-ci agissant sur les émulsions de couleurs du papier.
L'utilisation de l'eau de Javel est assez délicate, notamment les premières fois, car il faut arriver à doser la quantité de Javel et le temps où vous laissez votre photo dans le liquide.
Choisissez la photo que vous souhaitez javelliser. Attention, elle doit avoir été tirée dans un laboratoire conventionnel, avec un processus argentique (papiers photosensibles, bains chimiques, etc.).

Important

Utilisez l'eau de Javel dans une pièce bien ventilée. Protégez vos mains avec des gants et vos vêtements avec une blouse ou un tablier.

Le conseil de Céline

Évitez au maximum les laboratoires avec tirage express ou l'impression jet d'encre. En effet, si ces 2 procédés sont parfaits pour une utilisation classique, ils sont impropres pour la technique à la Javel où la photographie trempe dans l'eau : dans le cas du tirage express, la Javel n'aura aucune incidence sur le papier, et dans le cas d'une impression à jet d'encre, l'encre va « baver » et ne restera pas sur le papier.

À savoir
L'émulsion d'une photo est composée de 3 couleurs : le cyan, le jaune et le magenta. Toutes les couleurs du spectre sont représentées sur le papier par ces 3 couleurs.

Transformer une photo avec l'eau de Javel

Matériel : de l'eau de Javel, de l'eau pure, un saladier ou une bassine, une photographie, de l'essuie-tout

· 1 · Avec du papier de verre, poncez légèrement les bords, voire le fond de la photo : la Javel pénétrera plus rapidement dans l'émulsion du papier rayé et cela donnera un effet très dynamique.

· 2 · Dans un récipient rempli d'eau tiède, versez 2 à 3 bouchons de Javel. Attention : il vaut mieux ajouter au fur et à mesure de la Javel si l'effet n'est pas aussi rapide, plutôt que d'en mettre beaucoup au début (trop de Javel agirait trop vite sur la photo et vous n'aurez pas assez de temps pour arrêter le processus).

· 3 · Une fois le mélange prêt, plongez la photo dans l'eau. Protégez-vous avec un tablier, mettez des gants, et plongez vos mains dans la Javel pour « masser » votre photo. Au fur et à mesure que vous passez vos doigts sur la photo, vous allez sentir que la Javel agit : l'émulsion de la photo (la couche supérieure) devient relativement gluante.

· 4 · La Javel fait d'abord partir la 1re couche de l'émulsion : le cyan. Jamais, vous ne pourrez garder des teintes de bleu ou de vert sur votre image après l'avoir passée à la Javel. Dès que vous voyez la couche de cyan partir (l'extrémité de vos doigts devient bleue), sortez immédiatement l'image de l'eau.

· 5 · Rincez abondamment l'image sous l'eau claire (au robinet), pendant 5 minutes, et continuez à la masser avec vos doigts. Petit à petit, la couche jaune de l'émulsion va apparaître, puis la couche rouge. Le temps d'apparition des émulsions varie selon la quantité de Javel que vous aurez mise : plus il y aura de Javel, plus les émulsions vont apparaître rapidement, mais, en revanche, plus elles vont disparaître au profit du papier photo blanc. Évitez donc d'en mettre trop.

· 6 · À vous de décider quand vous souhaitez vous arrêter, c'est-à-dire quand l'aspect de l'image vous plaît. Une fois le résultat satisfaisant, laissez reposer la photo dans un bac d'eau propre pendant 15 minutes environ.

Forever

J'ai travaillé ici une photo en noir et blanc. Sur cette photo révélée sur papier couleur, la Javel agit sur les nuances foncées de l'image : elle ne peut en aucun cas agir sur le blanc, car le blanc n'est pas une couleur et n'apparaît pas grâce aux mélanges des émulsions. Pour ne pas avoir le visage très rouge, j'ai soigneusement évité de passer les doigts sur celui-ci, empêchant ainsi la Javel d'agir sur cette zone.

Le conseil de Céline
Il est très important de bien rincer l'image. Si celle-ci est mal rincée, la Javel continuera d'agir même après le séchage. Résultat : la Javel va attaquer toutes les émulsions et faire progressivement disparaître l'image.

Le jeu des papiers

IV

Les papiers imprimés de scrap vous offrent mille possibilités pour mettre en page vos plus beaux souvenirs, mais vous pouvez également les retravailler de différentes façons afin de vous les approprier.

atelier 1

Découper, poncer, déchirer...

Pour donner plus de volume, de profondeur et de texture à vos papiers, pourquoi ne pas vous amuser à les perforer ? À les découper de façon créative ? À les déchirer ?

Découper, perforer

Vous avez des centaines de façons de faire des découpes créatives dans le scrap. Que ce soit avec des ciseaux normaux ou cranteurs, ou bien avec des perforatrices aux formes diverses, de nombreux outils s'offrent à vous. Voici quelques exemples de découpes que j'aime beaucoup...

Pour faire des découpes créatives, sélectionnez tout d'abord le papier de votre choix. Ensuite, au dos du papier, tracez au crayon un motif (fleur, arbre, nuage, arabesque). Découpez-le.

Les perforatrices sont idéales pour obtenir des motifs difficiles à créer aux ciseaux : motifs ronds, carrés, festonnés, ovales, en forme de feuille, d'arbre, d'arabesque... Elles sont parfaites pour des petites décos. Malgré leur coût un peu élevé, vous les amortirez vite, car vous pourrez les utiliser avec tous les papiers, superposer les formes, les poncer pour les vieillir, gratter leurs bords, les encrer..., pour avoir des découpes uniques. N'oubliez pas que votre seule limite est le support à découper : papier, calque, tissu, transparent, feuilles de métal, feuilles dorées, carton ondulé, liège, papier bois..., etc.

Poncer

Une fois le motif découpé, vous pouvez rajouter des paillettes, encrer les bords pour le faire ressortir du fond, le tamponner : tout un tas de solutions pour transformer vos découpes en véritables embellissements !

Pour bien poncer les bords des papiers, posez la découpe à plat sur le tapis de coupe et poncez parallèlement à la ligne de la découpe. Préférez un grain de papier de verre pas trop épais, pour éviter de déchirer la découpe et garder de la finesse.

Un autre effet sympa à essayer : placez des chipboards sous votre feuille de scrap. Vérifiez que ceux-ci sont fixés pour qu'ils ne bougent pas. Poncez sur la feuille de papier, par dessus les chipboards : ceux-ci vont alors apparaître sur la feuille !

Le conseil de Céline

N'oubliez pas que votre dessin, tracé au dos du papier, se retrouvera dans le sens contraire lorsque vous retournerez le papier à l'endroit. C'est d'autant plus important lorsque vous décidez de découper des lettres !

Froisser

Vous aimez les motifs parfaits et « propres » des papiers de scrap, mais vous avez envie de les personnaliser ? N'ayez pas peur et lancez-vous ! Tamponnez vos motifs préférés, froissez-les, poncez-les, peignez-les, brûlez-les !

Altérer ses papiers, c'est se les approprier : il s'agit de garder l'essence même du papier de base, mais de rajouter un petit plus qui fera qu'il conviendra parfaitement à la photo. Et pour donner du relief aux papiers, quoi de mieux que de les froisser puis les poncer ! En effet, le ponçage va atténuer les couleurs sur les pliures du papier, en faisant ainsi ressortir le blanc de la couche du papier. Froissez votre papier avec vos mains et frottez du papier de verre sur votre imprimé, toutes les pliures vont ressortir et lui donner un nouveau look.

Déchirer

Pensez à garder vos chutes de papier : vous pouvez faire des mosaïques de papiers sur des pages ou un mini-album avec ces petits morceaux déchirés. Aidez-vous d'une règle plate ou de règles biseautées pour avoir des effets déchirés différents.

Plage

J'aime cette page car elle est tout en texture et en volume avec des couleurs pastel. Le fond est constitué d'un papier imprimé vert foncé. J'ai collé des alphabets formant le mot PLAGE sur mon tapis Téflon, placé mon papier imprimé par-dessus et poncé le dessus du papier, là où je sentais les lettres en carton. Effet garanti !

Le conseil de Céline

Lorsque vous déchirez vos papiers, une bande blanche apparaît parfois. Tout dépend en fait de la façon dont vous procédez : si vous déchirez le papier vers l'extérieur, il n'y a aucun liseré. En revanche, si vous déchirez le papier vers vous, le blanc du papier apparaît. J'aime quand le blanc apparaît sur un papier de couleur vive : cela fait ressortir la couleur.

Détails urbains

Sur cette page, les découpes rondes ont été faites avec une perforatrice ronde. J'ai perforé dans le papier de fond, ainsi que sur mes photos une fois celles-ci collées sur la page. Pour accentuer l'effet de transparence voulu avec cette technique, j'ai ajouté derrière mes découpes un transparent aux motifs urbains pour coïncider avec mon thème.

Réaliser un mini-album en carton : collage et découpage

Sa structure est en carton. Il s'agit ensuite de collage de morceaux de papiers découpés, déchirés, poncés et perforés.

Matériel : **du carton, une règle, un élastique, du ruban de masquage, de l'acrylique, du papier Canson.**

1

Découpez un morceau de carton de 15 x 28 cm. Avec un crayon à papier, marquez les mesures pour figurer la tranche du mini-album, soit 13 x 2 x 13 cm. Une fois les lignes tracées, utilisez la règle pour plier à la tranche, et ainsi créer la structure.

2

Ajoutez du ruban de masquage sur toute la couverture et vaporisez de la peinture diluée avec de l'eau, ou de la Glimmer Mist, pour obtenir un effet pastel. Laissez sécher. Réunissez des chutes de papiers et triez-les par couleurs. Disposez-les au hasard sur la couverture. N'ayez pas peur de travailler en couche, c'est-à-dire en superposant les papiers.

3

Pour les pages intérieures, utilisez des enveloppes ou du papier Canson : pliez-les toutes en deux et reliez-les simplement à l'aide d'un élastique en caoutchouc sur la tranche.

Voilà un mini-album qui ne vous a pas coûté cher et vous a aidée à recycler tous ces petits bouts de papiers dont on ne se sert jamais !

006525
09351
DATE
Rainbow
Random Dawdle
notes
GENUINE ARTICLE
footnotes
NATIONAL TICKET CO.

atelier 2

Tisser, tresser, coudre

Donner du relief à une page en tissant, tressant ou en rajoutant des points de couture, c'est possible ! Il suffit juste d'être inspirée !

Le tissage

Le tissage donne du relief et un rendu unique à vos projets. Qu'on l'utilise avec du ruban, du papier ou de la cordelette, cette technique ravira les accros d'effets multiples. Pour donner un effet tissé, alignez différents styles de rubans les uns au-dessus des autres, en les superposant même parfois. Vous pouvez les coller ou les agrafer ensemble. Le ruban apporte douceur et matière, alors que le papier, plus rêche, donne un effet mosaïque plus intense. Cette technique est idéale pour les couvertures de mini-albums et les fonds de page.

Conseil de Céline

N'hésitez pas à colorer le fil à l'encre distress s'il est blanc ou avec des Glimmer Mist. Encrez ou vaporiser sur votre fond pour teinter en partie ou complètement votre fil. Effet garanti !

La couture Freestyle à la machine

J'adore la couture, mais je ne suis pas douée pour coudre « proprement », c'est-à-dire de manière droite et classique. Ce que j'aime, c'est m'amuser avec la machine à coudre, jouer avec la fonction « marche avant-marche arrière » pour créer un effet « grunge » et rajouter du motif sur ma page.

- Jouez sur la couleur du fil : vous pouvez choisir le contraste avec le papier. Un fil blanc ou noir ressortira ainsi clairement. Si vous cherchez des effets plus raffinés, plus délicats, préférez les camaïeux et cherchez des fils dans les mêmes tonalités que le papier.
- Avec la machine à coudre, vous saurez suivre les contours de votre photo, lui faire un cadre, créer des motifs (des fleurs ou des arabesques par exemple), tracer un cadre en suivant les bords du papier de fond, etc. Expérimentez les bonheurs d'une machine à coudre !

La couture Freestyle à la main

Du fil, une aiguille, et vous voilà parée pour coudre partout sur vos pages ! Pour ajouter un cœur à une fleur, créer vos propres embellissements en feutrine ou en tissu, faire vos motifs en fond de page ou autour de votre photo... La couture à la main est aussi indispensable que le journaling au stylo : créative, colorée et unique, vous allez adorer travailler avec du fil et une aiguille !

Vous avez envie de créer un doodling sur l'ensemble de votre page, mais vous avez peur de rater ? Ne vous lancez pas sans repérage, vous risquez de vous tromper ! Essayez plutôt de tracer un dessin au dos du papier : vous n'aurez qu'à suivre le dessin avec l'aiguille. Suivez les points et le tour est joué ! Vous êtes libre de coudre comme bon vous semble : pointillés, points de croix, lignes de points... tout est possible ! Vous pouvez aussi coudre autour des lettres des titres de pages avec du fil, pour un effet texture garanti !

Si vous utilisez des alphabets en carton, en cuir, ou dans une texture assez épaisse, « cousez » l'extérieur du titre, c'est-à-dire sur le papier où repose le titre. Si le titre est fait à partir de Rub-ons ou de stickers fins, cousez directement dessus ! Il suffit de suivre les contours de chaque lettre avec le fil.

Précis

Virginie nous fait partager son amour du papier avec ce mini-album aux fonds de page en papier tressé. Elle a choisi à chaque fois 2 types de papiers différents, aux couleurs qui s'opposent pour contraster au mieux quand le papier est tissé. (Album de Virginie Ventura)

Avoir l'air happy

Créés à base de feutrine à pois, mes embellissements sont directement cousus sur mon fond de page : ils lui apportent contraste et graphisme. Mon titre, quant à lui, a été écrit à la main sur un papier clair, puis coloré au feutre bleu, et enfin détouré au fil rouge, en suivant le contour de chaque lettre. Voilà un titre customisé, aux couleurs assorties à ma page, et en volume !

atelier 3

Harmonie des couleurs

En scrapbooking, comme en Home déco ou en beaux-arts, l'harmonie des couleurs et des motifs est essentielle. D'une façon générale, toutes les couleurs et motifs peuvent se marier ensemble, mais il y a des palettes de couleurs qui ne sont pas « conseillées » en scrap.

Harmoniser les couleurs

Parlons d'abord de l'harmonie des couleurs. Bien sûr, tout dépend des goûts, mais il est important de savoir qu'il existe des couleurs qui se marient parfaitement entre elles et d'autres… non. Pour être certaine de réussir une page, si vous êtes débutante, essayez de travailler en camaïeu de couleurs, c'est-à-dire avec les dégradés d'une seule couleur. Par exemple : le rouge (palette du rose clair, rose bonbon, rose fuchsia, rouge vif, bordeaux).

Jouer avec les couleurs complémentaires

Rouge et vert, jaune et violet, bleu et orange sont quelques-unes des couleurs complémentaires. Vous ne prenez aucun risque si vous choisissez de les utiliser sur vos pages, ainsi que leurs camaïeux.

Le cercle chromatique présente les 3 couleurs primaires (rouge, bleu, jaune pur), ainsi que les couleurs obtenues après avoir mélangé ces couleurs primaires. Grâce à ce cercle, on peut voir quelles couleurs vont s'associer en harmonie ou en contraste.

+ Les couleurs en contraste sont celles diamétralement opposées sur le cercle, par exemple le rouge et le vert, le bleu et l'orange, le jaune et le violet.

+ Les couleurs en harmonie sont celles qui sont les plus proches les unes des autres sur le cercle : bleu ciel, bleu marine et bleu gris ; vert clair, vert amande et vert olive…

Pour choisir et construire un équilibre de couleurs à 3 tons, commencez par choisir une couleur de départ (cela peut être une couleur assortie à une teinte sur votre photo par exemple). À partir de là, il est facile de choisir 2 autres couleurs : elles se trouvent en face, à l'opposé de la couleur choisie.

Voici une palette de camaïeux qui peut vous aider à trouver des idées pour commencer votre page.

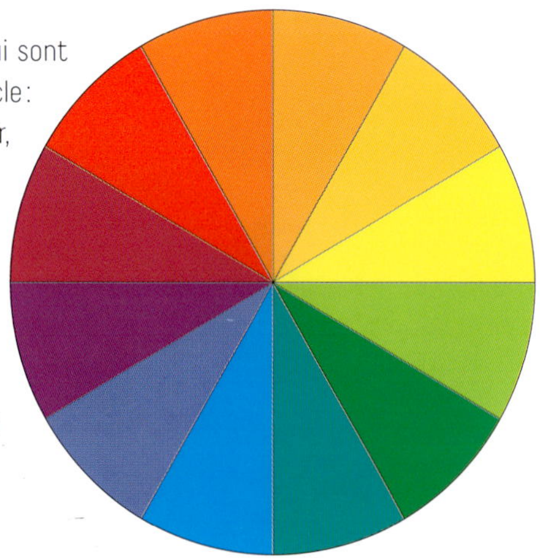

Associer des motifs

Avant de vous lancer dans le choix des papiers, regardez bien les couleurs dominantes sur la photo et si elle pourra se marier avec tout type de couleurs et de motifs. Il est essentiel de combiner des papiers de différents motifs, pour éviter l'effet trop « plat » sur votre page. Un mélange de papiers à rayures, à pois, floral et uni est la combinaison idéale. N'ayez pas peur de mélanger entre eux les motifs d'une même collection de papiers : papier à fleurs avec motifs à carreaux, papier écriture avec gros pois, par exemple.

Ces associations de papiers sont bien utiles pour la scrappeuse débutante, et vous verrez, au fil du temps, votre créativité se chargera de choisir pour vous : vous oublierez tous les codes de départ pour sélectionner vos papiers.

Explorer

Cette page, très Freestyle et tout en volume, propose un mariage de papiers et de styles très prononcé. La palette de couleurs est importante, et pourtant, elle apporte harmonie et dynamisme à cette page.
Les papiers à pois, rayures et formes découpées mettent en avant un portrait sobre et pourtant très dynamique.

Mini-album 07

Pour célébrer le nouvel an entre amis, j'ai créé ce mini-album aux couleurs des fêtes de fin d'année et aux accents assez baroques, parfaitement assortis aux tenues de soirée de mes convives. Un mariage de papier baroque (volutes bordeaux sur fond crème, cadres transparents façon doodling rouge) avec d'autres papiers plus graphiques donnent un aspect très Vintage, et néanmoins assez moderne. N'hésitez pas à mélanger les genres de papier, en choisissant une palette de couleurs.

Le sens des couleurs

LES COULEURS CHAUDES

Le rouge définit la chaleur, la sensualité, l'énergie. Il est idéal pour vos sujets dynamiques ou pour mettre en scène des voyages lointains.

Le jaune est lumineux, joyeux et stimulant. C'est une couleur optimiste, symbolisant le soleil, donc idéal pour vos photos d'enfants et de jeux d'eau.

L'orange est la couleur de la gaieté par excellence. Il rappelle à la fois la couleur des fruits exotiques et celle de l'automne. Il est parfait pour vos photos de rentrée scolaire, d'automne, mais aussi pour vos vacances d'été.

LES COULEURS FROIDES

Le bleu, couleur fraîche et reposante, est propice à la créativité. Il est idéal pour vos photos masculines, évidemment, mais aussi pour vos photos de voyage, d'enfants, de jeux d'eau.

Le vert : avec le vert, on imagine d'emblée les arbres, l'herbe, les feuillages. Le vert, c'est l'espoir ! Alors, lancez-vous dans des pages sur vos désirs les plus fous, scrappez vos voyages bucoliques, des contrées sauvages.

Le violet est le romantisme à l'état pur. Parfait pour vos pages Shabby. Très féminin, il sera parfaitement accordé avec des fleurs et des dentelles. Pour des pages féminines un peu plus rock'n roll, n'ayez pas peur de le couper avec du jaune : résultat décoiffant garanti !

LES COULEURS NEUTRES

Les crème, miel, chocolat, café et gris sont des teintes élégantes, naturelles, indémodables et simples, donc parfaites pour vos pages Vintage, Héritage et Shabby.

Le blanc et le noir sont idéaux pour contraster sur vos pages avec d'autres couleurs. Assez austères si vous les utilisez entièrement sur une page pour une ambiance monochromatique.

Le conseil de Céline

N'hésitez pas à investir dans une roue chromatique : cet outil, que vous trouverez facilement dans le rayon peinture ou beaux-arts de votre magasin de bricolage préféré, vous aidera à bien choisir une palette de couleurs.

atelier 4

Utiliser des doodlings

Doodling veut dire gribouillage en anglais. Ce sont tous les petits dessins que l'on fait en parlant au téléphone, ces gribouillages que l'on trace pour passer le temps… Les doodlings sont parfaits pour donner du relief, du mouvement sur vos pages.

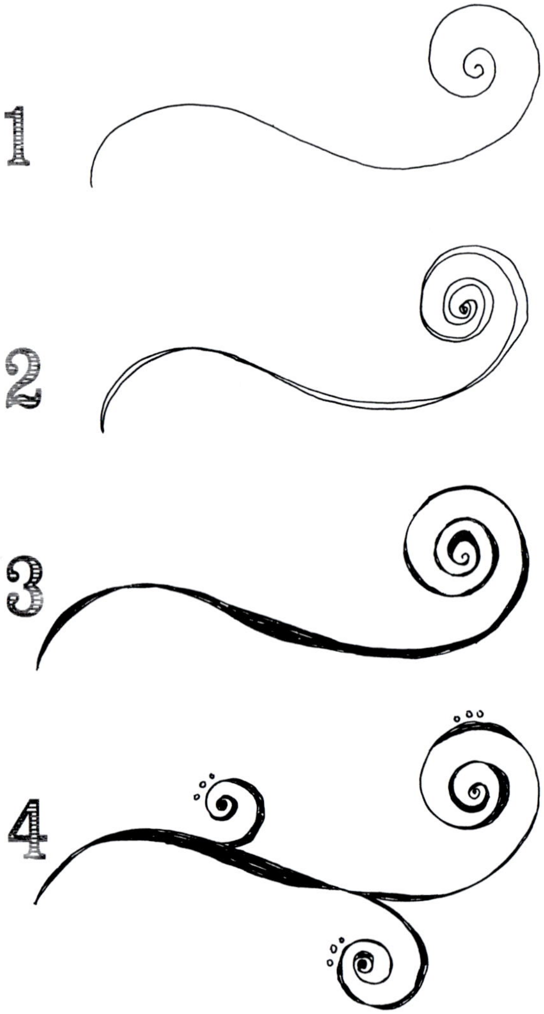

La technique

On peut écrire avec n'importe quel outil qui écrit ! Un stylo à bille, un feutre, un crayon de couleur, un crayon à papier, un stylo gel, un stylo Posca et même du correcteur (Tippex) : le doodling n'a pas de préférence ! Essayez tout de même de garder une mine assez fine pour des dessins détaillés et précis. Le doodling se fait sur du papier, uni ou imprimé, un carnet de notes, un morceau de serviette en papier, où vous voulez ! Si vous souhaitez l'utiliser sur vos projets scrap, mieux vaut le faire sur un papier blanc ou directement sur la photo (pensez d'ailleurs à utiliser un stylo permanent pour vos photos, un stylo gel ne séchant pas sur le papier photo plastique).

· 1 · Tracez d'abord une 1re arabesque, de manière fluide. L'essentiel, quand vous faites du doodling, c'est de ne jamais vous arrêter avant que la ligne soit terminée, pour éviter toute trace de césure. Une fois la 1re arabesque tracée, le plus gros du travail est terminé ! (1).

· 2 · Pour donner plus d'épaisseur à l'arabesque, repassez plusieurs fois sur le dessin, tout en débordant de votre ligne, pour faire un écart en votre 1re ligne et la 2e. Cet écart sera rempli en noir ou coloré, ou bien rempli de petits points ou de traits. (2, 3, 4).

Attention, le doodling doit partir d'un point bien précis sur votre support, que ce soit de la photo, de l'angle d'un papier ou d'un embellissement. Il doit avoir une base. Un doodling perdu dans l'espace déstabilise le design de la page. Entraînez-vous et surtout amusez-vous ! Vous allez voir : vous ne pourrez bientôt plus vous en passer !

Le conseil de Céline

Si vous avez peur de vous lancer, n'hésitez pas à vous entraîner avec un crayon sur une feuille de papier.

Deux amies

Après avoir altéré ma photo avec des crayons gras, collé des chutes et des découpes de papiers puis tamponné à la Staz-on, j'ai dessiné des arabesques avec le stylo correcteur blanc et des petites gouttes de pluie sous les nuages. De petites touches de blanc qui contrastent avec ma photo très colorée !

Le conseil de Céline

Essayez le doodling avec un stylo correcteur : ils donnent des effets étonnants ! Leur peinture acrylique blanche et épaisse est facile à manipuler et leur embout-bille vous guidera pour des doodlings parfaits !

Famille

Génial de pouvoir travailler au stylo permanent sur un Rhodoïd ! Cela donne du relief, du mouvement et un effet ombré intéressant. Avec un stylo-feutre Posca, vous pouvez également peindre l'intérieur de vos doodlings sur le Rhodoïd.

Le conseil de Céline

Il est important d'appuyer sur le « ventre » du stylo correcteur en même temps que vous tracez votre doodling pour libérer l'encre à l'intérieur.

2 clowns en liberté

Ici, une mise en page simple pour un travail de doodling complet qui donne relief et contraste. Après avoir fini ma page, et collé tous mes éléments, j'ai tout simplement utilisé un stylo correcteur à encre blanche pour dessiner chacune de mes arabesques.

Home Sweet Home

Les embellissements

V

On ne peut pas scrapper sans embellissements. Fleurs, attaches parisiennes, stickers, strass, étiquettes, chipboards : nous sommes toutes folles de ces petites bricoles, autocollantes ou pas, qui ornent les pages et leur donnent du caractère, de la texture, du volume et de la couleur.

atelier 1

Les décalcomanies

Les décalcomanies (ou Rub-ons dans le jargon anglo-saxon) sont aujourd'hui des embellissements essentiels, elles sont faciles à utiliser et à poser. Qu'elles soient en couleurs ou en noir et blanc, elles constituent ce petit détail indispensable pour équilibrer une page.

Sœurs de cœur

Cristina s'est servie de Rub-ons sur cette page pour ajouter encore du motif à son papier de fond. En revanche, elle apporte une nouvelle couleur à sa palette grâce à ses petits éléments. Les rub-ons sont parfaits pour ajouter du détail fin sur vos pages. (Page de Christina)

La pose

Les Rub-ons existent dans toutes sortes de formes et de tailles. Ils peuvent décorer du carton uni et ainsi créer un motif, animer le fond d'une photo... mais aussi être appliqués sur un transparent : leur rendu opaque donne un bel effet de profondeur et de texture. Ils permettent enfin d'ajouter du motif sur vos titres.

Les Rub-ons fonctionnent sur tous les types de supports : papier, tissu, transparent, papier journal, cuir, calque. Découpez le motif choisi, enlevez la pellicule de protection au dos du dessin, placez celui-ci sur la page (le côté collant est celui qui va se transférer sur le support, donc apposez ce côté sur le fond), et grattez à l'aide du petit outil livré avec ou avec le capuchon d'un stylo. Votre Rub-on est parfaitement mis ! Faites tout de même attention : quand vous l'appliquez, que l'intégralité du motif soit transférée. Certains Rub-ons sont plus difficiles à appliquer que d'autres aussi, n'hésitez pas à vérifier au fur et à mesure que vous grattez, si tous les détails apparaissent.

Les décalcomanies et l'aquarelle

J'aime travailler mes Rub-ons blancs avec de l'aquarelle. Ceux-ci vont servir de « réserve » à mon fond quand je vais appliquer mon aquarelle. Ils vont légèrement boire la couleur, mais si vous passez un petit coup de lingette pour bébé par dessus le Rub-on, il va absorber l'aquarelle et redonner toute sa blancheur à la décalcomanie. Essayez donc, c'est doux, frais et cela embellira vos pages d'harmonie et de couleurs pastels.

Le conseil de Céline

Posez vos Rub-ons sur un transparent et embellissez-les vous-même ! Le verso verra apparaître le motif de votre décalcomanie et sera un embellissement parfait pour vos mini-albums.

Le conseil de Céline

Les Rub-ons sont très faciles à poser, mais voici tout de même un conseil à suivre à chaque utilisation : quand vous choisissez un motif, découpez-le directement sur la planche plutôt que d'apposer celle-ci sur le support. En effet, certains Rub-ons sont très collants et vous risquez de coller l'ensemble de la planche sur la page !

Créer un fond de page à base de décalcomanies

Matériel : du Rub-on blanc, des tubes d'aquarelle et des pinceaux, de l'eau propre, un fond papier

Ici, j'ai tout simplement créé un papier de fond à base de décalcomanies blanches.

- 1 · Appliquez d'abord vos décalcomanies blanches sur un support, blanc si possible (pour rendre au mieux la couleur de la peinture que vous allez utiliser), ou alors travaillez dans des camaïeux de beige/crème.
- 2 · Ajoutez ensuite de l'aquarelle (ou, à défaut, de l'acrylique diluée dans de l'eau), que vous passerez au pinceau par-dessus vos décalcomanies.
- 3 · La surface plastifiée de la décalcomanie ne va pas absorber la peinture, et donc rester blanche.

Je me laisse porter par le vent

J'aime les arbres et ce qu'ils représentent : la force, la vitalité, la longévité, l'espoir, la vie. J'avais envie d'une page qui représenterait cette force et cette envie de nature permanente, et quoi de mieux que cette décalcomanie à motif d'arbre pour illustrer mon état d'esprit. Je l'ai simplement directement appliquée sur mon papier de fond à l'aide d'une spatule. J'ai ajouté quelques petites cages à oiseaux sur transparents montés sur des pages de vieux livres, puis apposé mon titre !

atelier 2

Les boutons

Les boutons sont des embellissements indispensables qui permettent de décorer le centre d'une fleur ou d'ajouter un peu de couture à un mini-album… Vous pouvez les acheter dans une boutique de scrap, dans une mercerie ou au marché aux puces.

Saveur d'ailleurs

Les boutons forment ici un cadre qui met en valeur le grand tirage de ma photo. J'avais envie de souligner les couleurs de la photographie, et j'ai choisi différents boutons pour faire ressortir celle-ci, certains dans les teintes de mon image, d'autres dans des couleurs plus froides, pour contraster avec les couleurs chaudes de la photo. J'ai alterné boutons en plastique et boutons en carton : ceux en plastique sont très colorés et ronds, alors que ceux en carton sont imprimés avec des motifs très sympas, s'accordant parfaitement avec mon thème.

You

Cet album est un peu comme ces livres en tissu pour enfants : robuste, moelleux, coloré. Il est entièrement en tissu, sauf les photos tirées sur papier photo et certains tampons imprimés sur Bazzill blanc. Quoi de mieux que des boutons pour embellir cet album 100 % tissu ? J'en ai orné la couverture en les collant à la colle forte, mais vous pouvez tout aussi bien les coudre un à un (à la seule condition de penser à embellir le verso après avoir cousu, pour camoufler les points de couture).

Le conseil de Céline

Vous pouvez également utiliser des paillettes à la place des papiers imprimés, ou créer vous-même votre propre imprimé à partir de tampons ou de peintures, et fabriquer ensuite votre bouton.

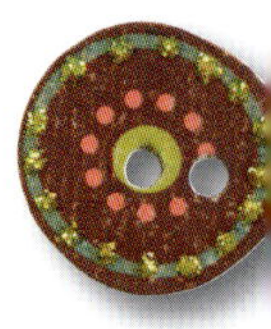

Fabriquer des boutons en carton

Matériel : **de la cartonnette, des papiers imprimés de votre choix, de la colle en bâton ou vinylique, du Glossy accent ou de la poudre à embosser transparente**

- **1** · Choisissez quelques papiers imprimés. Dans du carton, découpez des formes (rondes, carrées, triangulaires, fleurs…). Vous pouvez aussi varier les tailles, de façon à obtenir des gros ou des petits boutons. Vous pouvez peindre, ajouter des paillettes sur vos gabarits en carton.
- **2** · Collez vos papiers imprimés sur le carton. Faites les trous avec une aiguille ou une pince Crop-a-Dile.
- **3** · Appliquez du Glossy accent avec un pinceau (vernis qui ajoutera du volume et un effet brillant aux boutons) sur le dessus du papier, ou de la poudre UTEE à embosser transparente.
- **4** · Laissez sécher toute la journée (pour être certaine que le Glossy soit sec), puis collez ces boutons sur vos pages.

En route

Karine a utilisé des boutons rouges et jaunes, dans les tons de sa page, pour encadrer sa photo et amener le regard vers le personnage. Les boutons apportent volume et douceur à vos projets scrap, et permettent de faire des cadres très graphiques autour de vos photos ou même sur les couvertures de mini-albums. (Page de Karine Cazenave-Tapie)

atelier 3

Les Chipboards

Les Chipboards (ou décorations en carton), peu onéreux, ajoutent un effet de volume aux pages. Ils sont vendus bruts (couleur carton) ou décorés (c'est-à-dire avec du papier imprimé collé sur une des faces). Ce sont des embellissements à coller sur tous vos projets !

Des embellissements

La plupart des Chipboards doivent être décorés et personnalisés : à vous de les peindre, de les tamponner, de les recouvrir de paillettes, de tissus, de papiers imprimés, etc. Ils doivent devenir le reflet de votre style, de votre scrap. Bien sûr, vous aussi pouvez les utiliser bruts. Vous trouverez dans le commerce des milliers de chipboards différents : alphabets, fleurs, Doodling, étiquettes, tags, etc. Mais pourquoi ne pas les fabriquer vous-même ? Avec une paire de ciseaux ou une perforatrice, de la Versamark et de la poudre à embosser, c'est très facile !

Les Chipboards comme relief intégré

Vous pouvez aussi utiliser vos Chipboards en les intégrant complètement à votre fond de page : collez-les sur un papier uni, et, à l'aide d'un pinceau en mousse, appliquez de la peinture acrylique (plutôt opaque) sur tout votre fond. Vous aurez ainsi un fond à relief, uni, mais unique !

Le conseil de Céline

Vous pouvez aussi utiliser la même technique que les boutons customisés ! Recouvrez de papiers imprimés vos morceaux de carton découpés pour un look qui s'accordera parfaitement à votre page !

Créer soi-même ses chipboards

Matériel : de la cartonnette, des ciseaux, une perforatrice, de l'encre Versamark, de la poudre à embosser de diverses couleurs, un Heat Gun ou un pistolet thermique

1

Choisissez une cartonnette pas trop épaisse que vous pourrez découper ou perforer facilement. Découpez ou perforez le motif de votre choix.

2

Appliquez de l'encre Versamark (idéale pour l'embossage), puis versez la poudre à embosser sur le carton. Enlevez le surplus de poudre et remettez-le dans la boîte.

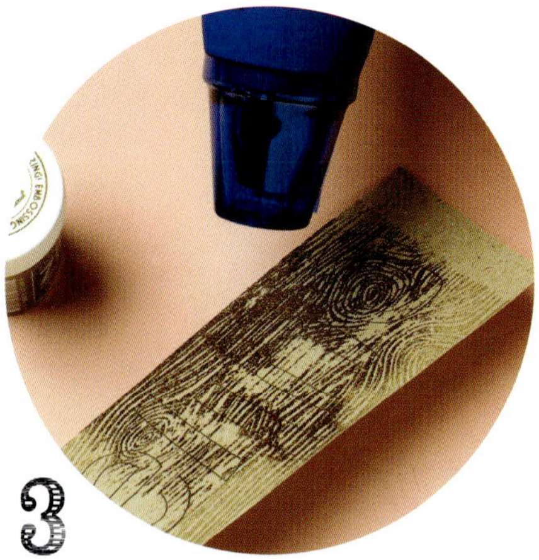

3

Chauffez au Heat Gun ou pistolet thermique.

4

Et voilà ! Vos embellissements uniques !

Banderole ART

Pour cette bannière colorée, j'ai utilisé des lettres en bois, je les ai peintes avec de l'acrylique rouge, pour ensuite les recouvrir de paillettes transparentes : les paillettes prennent la couleur de la peinture et donnent un aspect étincelant au titre.

Mes monstres préférés

Sur ce clipboard, j'ai directement collé mes vieux Chipboards nuages sur mon support, puis j'ai appliqué de l'acrylique bleue opaque. Un petit scrap home déco sympa pour décorer une chambre d'enfant.

Signe particulier

Une mise en page encadrée dans un Chipboard pour centrer l'attention sur ma photo et l'ensemble d'embellissements du bas de la page. Le Chipboard cadre, en forme d'accolade, a tout d'abord été peint en rouge avec un pinceau mousse et de l'acrylique, puis collé sur la photo et le papier bois. J'ai découpé les angles du papier et de l'image qui dépassaient du cadre et collé le tout sur mon fond de page imprimé. La grande fleur est également un Chipboard, à la fois peint (la tige) et recouvert de papier (les pétales).

atelier 4

Les fleurs

Romantiques, colorées, délicates, les fleurs reflètent la douceur du thème de la page ou du mini-album. Qu'elles soient en papier, en plastique ou en mousse, elles ajoutent de la volupté et du volume aux projets.

Sœurs

Ici les fleurs forment un cadre autour de la photo, comme pour attirer le regard vers les 2 personnages. Les fleurs sont superposées les unes contre les autres, et l'intérieur décoré de boutons et de strass.

Des fleurs toutes faites

La solution la plus simple ? Achetez des fleurs toutes faites : vous en trouverez de multiples sortes dans les boutiques de scrap, de bricolage ou dans les merceries. Mais, même les fleurs que vous achetez méritent d'être personnalisées !

+ Décorez le centre de la fleur avec des boutons ou des strass.
+ Rajoutez un motif sur la fleur à l'aide d'un tampon-écriture par exemple.
+ Amusez-vous à associer et à superposer des fleurs de différentes tailles, et créez ainsi une fleur à plusieurs couches et couleurs, en commençant par la plus grande vers le bas et en terminant avec la plus petite fleur sur le haut.

Inventer des fleurs !

Si vous vous sentez l'âme créative, vous pouvez aussi fabriquer vos propres fleurs, en papier ou en tissu.

Fabriquer les fleurs en tissu (yoyo)

Matériel : du tissu de votre choix, un compas, un crayon, des ciseaux, du fil, une aiguille, un bouton

· 1 · À l'aide d'un objet rond, ou avec un compas, tracez un cercle au crayon sur le dos du tissu. Découpez ce rond.

· 2 · Passez un fil (peu importe la couleur) dans une aiguille. Piquez à 3 mm environ du bord du rond, entrez et sortez l'aiguille en suivant le bord. Au fur et à mesure que vous faites votre ligne de points, poussez le tissu vers l'extérieur avec vos doigts, pour former une sorte de « charlotte ».

· 3 · Une fois terminée la couture du bord du cercle, revenez au point de départ, tirez sur le fil : le tissu va se plisser et créer votre fleur yoyo.

· 4 · Faites un nœud pour bien fermer la fleur et ajoutez au centre un bouton ou tout autre embellissement.

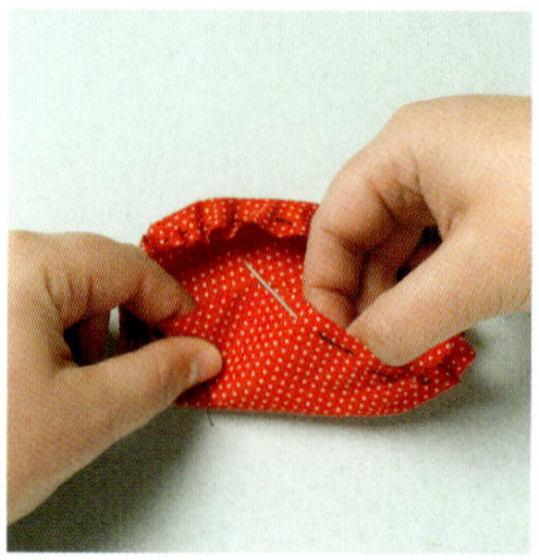

Trip

Une de mes premières impressions sur ce voyage au Brésil a été de découvrir la beauté sauvage de la flore ; donc, quoi de plus adéquat qu'utiliser des fleurs et de les habiller dans ce mini-album ! Transparence, couleurs et fleurs ornent ce mini-album aux pages destructurées. N'hésitez pas à habiller le cœur de vos fleurs avec des boutons, des strass, de petits embellissements brillants pour leur donner un effet unique !

Fabriquer les fleurs en papier

Matériel : du papier imprimé, des ciseaux, des embellissements pour le centre de la fleur

· 1 · Avec une perforatrice ronde ou une paire de ciseaux, découpez un rond dans un papier imprimé.

· 2 · Vous pouvez vieillir, rogner, déchirer, poncer les bords du cercle avec la lame de vos ciseaux ou avec un « Edge distresser » (petit appareil qui permet de froisser le bord des papiers). Vous pouvez aussi découper des pétales dans le rond, en vous repérant, si besoin, avec des marques tracées préalablement au feutre.

· 3 · Superposez différentes fleurs, chacune réalisée dans un papier et un style différents.

Amies

Un mini-album pour célébrer mes amies qui me sont chères. Des couleurs très douces, délavées, de la matière, et une petite fleur yoyo aux couleurs naturelles pour rappeler les tons des papiers utilisés dans cet album.

Jeux des matières

VI

Texture, brillance, douceur, tous les effets sont possibles. La matière donne souvent à votre page un effet unique, mais choisissez-la à bon escient.

atelier 1

Les transparents

Les transparents sont très utilisés aujourd'hui en scrapbooking : c'est un matériau très souple, intéressant pour l'effet de profondeur qu'il donne aux pages.

Transparence et superposition

Les transparents permettent de mettre en avant le motif du transparent sur un papier imprimé ou uni, révélant également le papier du support. Le transparent imprimé, comme les Hambly, sont fabriqués avec des peintures opaques, ce qui permet aux motifs de ressortir vraiment sur le support. Que le motif du transparent soit jaune, blanc, vert ou rouge, et peu importe la couleur du papier sur lequel vous allez coller votre transparent : le motif va ressortir, car l'encre ou la peinture utilisée est opaque. Profondeur et design : les 2 mots d'ordre dès que vous utilisez un transparent !

Transparents et embellissements

Les transparents se découpent et se perforent. Vous pouvez par exemple créer des fleurs avec un transparent imprimé, et superposer ces fleurs avec d'autres fleurs en papier ou en tissu : vous jouerez ainsi avec les matières et le volume pour un effet très original. Vous créerez même des papillons... Vous choisirez peut-être de les chauffer avec un Heat Gun, ou même un briquet pour leur donner du volume : sous l'effet de la chaleur, ils se cornent, s'arrondissent et vous obtenez ainsi des formes étonnantes qu'il ne vous restera plus qu'à coller sur votre page.

Créer son propre imprimé

Il existe de multiples transparents avec des motifs déjà imprimés. Mais vous pouvez aussi créer vous-même vos imprimés sur une feuille de Rhodoïd... Simple, rapide et peu onéreuse, cette technique vous ouvre les portes de la créativité !

10 reasons to love Brazil

Ici, la quasi-totalité d'une feuille de transparent Hambly a été superposée sur ma photo 20 x 30 cm. Comme la photo est un peu foncée, le jaune des cadres sur le transparent ressort à merveille et donne un effet mosaïque à cette page.

Le conseil de Céline

Investissez dans une colle transparente pour coller vos transparents (comme Invisi Dots chez Glue Dots), ou bien agrafez-les à votre fond !

Inspire

Sur ce mini-album, j'ai simplement utilisé de la peinture acrylique rose que j'ai appliquée tout d'abord au pinceau, par-dessus des stickers alphabets (inspire). Une fois la peinture sèche, j'ai décollé les lettres, révélant alors mon titre en effet mask avec la peinture. Ensuite j'ai utilisé un tampon caoutchouc non monté avec la même peinture acrylique, façon trace de tasse de café, pour amener un motif répétitif.

La peinture

Saviez-vous que l'acrylique sèche très bien sur le Rhodoïd ? C'est un moyen parfait pour customiser vous-même vos transparents ! Avec un pinceau brosse ou en mousse, armez-vous de votre couleur favorite, et appliquez rapidement de la peinture sur une partie du fond (par exemple sur la partie basse de votre page, endroit où vous mettrez votre titre). Vous pouvez aussi utiliser des masks et autres pochoirs pour ajouter du motif sur votre transparent. N'hésitez pas à utiliser des tampons mousse ou caoutchouc à motifs épais (évitez les tampons fins avec textes par exemple) avec de la peinture acrylique : effet garanti !

L'encre Staz-on

Tamponnez vos motifs favoris avec de l'encre Staz-on, encre spéciale pour les surfaces non poreuses, comme le transparent. Jouez sur les couleurs, les motifs, les courbes pour créer un Rhodoïd à votre image : unique et créatif.

Les encres à alcool

Elles ont été spécialement étudiées pour adhérer à toute surface (papier glacé, métal, verre, plastique et n'importe quelle autre surface lisse). Elles sont permanentes, transparentes et sèchent rapidement. L'effet obtenu ressemble à une pierre polie colorée. Appliquez diverses couleurs sur votre support puis, à l'aide de l'outil spécial encre à alcool, diffusez les couleurs en tapotant à diverses reprises pour obtenir un effet marbré.

Apprendre à tomber

Virginie a travaillé en transparence avec son étiquette, sur laquelle elle a écrit son titre, pour ainsi couper le motif de son papier de fond. Elle a également utilisé une étiquette transparente qu'elle a collé à cheval sur sa photo, créant ainsi de la profondeur dans sa photographie. Le must de sa page : la photo imprimée sur transparent. Génial ! (Page de Virginie Ventura)

Le conseil de Céline

Attention, une image trop sombre ne sera pas jolie à transférer. N'hésitez pas à retravailler l'image d'abord en accentuant ses contrastes et en l'éclaircissant, ou à demander à la personne du magasin de photocopies de tirer une image pas trop contrastée dans les gris.

Transformer une photo en transparent

Le transfert au gel medium vous permet de mettre n'importe quelle photographie sur le support de votre choix, tout en transparence. Vous aurez besoin de gel medium, gel utilisé d'habitude pour diluer la peinture acrylique. Qu'il soit mat ou brillant, préférez un gel de marque, qui vous garantira un effet de qualité parfaite.

Matériel : une photocopie laser couleur ou noir et blanc d'une photo, du gel medium (golden ou liquitex), de l'eau propre, un pinceau

Important

Choisissez une photo et vérifiez qu'il s'agit bien d'une impression laser : une imprimante laser possède des cartouches de poudres de couleurs (cyan, magenta, jaune, noir) qui, sous l'effet de la chaleur dégagée, fondent, pour créer les nuances de couleur sur une image. Aujourd'hui, 99 % des boutiques de photocopies proposent des photocopies laser, vous avez donc peu de risques de vous tromper en demandant la photocopie d'une photo. Qu'elle soit en couleurs ou en noir et blanc est sécondaire : l'important est qu'elle soit laser.

1

Appliquez le gel medium sur la photocopie. Posez rapidement l'image, la face avec le gel sur le support de réception. Vous pouvez la transférer sur du papier, du tissu, du plastique ou du métal. La seule contrainte : choisissez toujours un support clair, pas trop chargé en motif, pour ne pas masquer les personnages ou les détails de votre image. Lissez bien l'image à l'aide d'un plioir ou d'une petite cuillère. Laissez sécher au moins 2 heures.

2

Vérifiez que le transfert est bien sec et mouillez le dos de l'image avec de l'eau propre. Grattez avec vos doigts pour retirer le papier. Une fois l'image révélée, enlevez tous les résidus de papier avec un chiffon. Laissez sécher.

3

Fixez le transfert avec une couche fine de gel medium.

Le conseil de Céline

Il est impératif de bien enlever toutes les fibres de papier de votre transfert pour éviter de les voir apparaître une fois l'image sèche.

Un souvenir de notre enfance

Pour ce collage sur toile, j'ai transféré une photo de ma belle-mère toute jeune, pour composer une ode à l'enfance. Le transfert a été fait sur un papier rose Toga assorti aux papiers utilisés pour le collage.

Alice au pays des merveilles

J'ai voulu utiliser la photo d'une personne chère à mon cœur. Elle me faisait penser à Alice au pays des merveilles sur cette photo. Pour garder un effet vieilli, j'ai fait un transfert de cette image sur un Bazzill blanc texturé, puis ai créé ma page avec des papiers dans des tons pastel et pas trop chargés.

atelier 2

Les tissus

Les tissus, avec leur palette infinie de textures, de motifs, de couleurs, vous offrent des milliers de possibilités : en fond de page, en rubans, en embellissements... Ils se mélangent avec bonheur à toutes les autres matières.

Utiliser ses chutes de tissu

Qu'elles proviennent de vieux vêtements, de morceaux de tissus oublié, dans un grenier ou de chez votre marchand de tissu préféré, les chutes de tissu sont parfaites pour agrémenter vos pages de petites touches texturées et colorées. Vous pouvez, par exemple, déchirer des bandelettes de tissu pour obtenir des rubans : coupez un petit morceau sur le bord du tissu et tirez avec vos mains pour déchirer de façon régulière. Un morceau effiloché en ressortira, idéal comme ruban, ou même comme reliure. Vous pouvez aussi découper dans un tissu ou dans de la feutrine des bordures festonnées et utiliser cette forme comme un morceau de papier imprimé : collez-le avec de la colle ou du double-face pour textile, et le tour est joué ! Vous pouvez travailler le tissu comme du papier, alors n'hésitez pas à le découper avec des ciseaux, pour créer les formes de vos envies : nuages, fleurs, cœurs, tout est possible ! Avec un stylo-feutre (genre Posca) ou d'un stylo gel spécial tissu, vous pouvez aussi customiser des tissus pauvres en motifs, ou utiliser de l'encre Versafine pour ajouter des motifs avec vos tampons préférés !

Créer ses propres tissus imprimés

Matériel : du tissu blanc ou crème, des peintures acryliques ou des peintures spéciales tissu, des pinceaux, de l'eau propre, un fer à repasser

1

Diluez de l'acrylique dans de l'eau propre pour obtenir la couleur souhaitée. Appliquez-la sur le tissu avec un pinceau brosse. La peinture se diffuse lentement dans toutes les fibres du tissu. Ajoutez autant de couleurs différentes que vous le souhaitez.
Les couleurs vont se mélanger et se diluer légèrement pour avoir un effet aquarelle.

2

Utilisez un tissu en coton blanc ou beige, plutôt épais. Humidifiez-le avec de l'eau claire. Pressez le tissu avec vos mains pour bien mélanger la peinture et enlever le surplus. Laissez sécher le tissu. Vous pouvez le fixer à l'aide d'un fer à repasser.

3

Vous pouvez alors ré-intervenir avec des tampons pour ajouter des motifs. Ici, j'ai découpé une forme d'étoile dans un morceau de carton, puis vaporisé de l'encre par-dessus pour révéler le motif une fois le pochoir enlevé.

Complices et amies

Cette page a été construite uniquement avec du tissu. Le fond de page est un tissu vendu en feuille autocollante de format 30 x 30 cm (spécial scrap, vendu en boutique), comme le morceau de feutrine à pois, mais les autres sont des chutes de tissus teintes ou découpées pour faire des embellissements.

Everyday

Voilà une page/œuvre d'art ! Difficile d'imaginer le scrap sans photo et pourtant, Cristina a parfaitement relevé le défi ! Voici une page emplie de poésie, douce, qui évoque le rêve et l'enfance. Une page multitexture puisque le nuage est en tissu et le fond un papier imprimé de scrap. Elle a cousu les bords du nuage puis a collé la nuage sur sa page, faisant en sorte que celui-ci se « soulève » un peu, pour donner un volume supplémentaire à la page. (Page de Cristina)

Eternal

La couverture de ce mini-album a été entièrement faite maison. J'ai d'abord cousu 2 morceaux de coton beige molletonné, puis l'intérieur façon Freestyle, pour avoir des lignes courbes, comme des doodlings. Après avoir ajouté 3 couleurs de peinture (rouge, vert anis et blanc), j'ai laissé sécher, puis fixé au fer à repasser. J'ai ensuite travaillé avec des tampons alphabets mousse, sur lesquels j'ai ajouté de la peinture vert anis. Une fois sèche, j'ai rajouté de la peinture blanche par-dessus ma première série de tampon, mais en décalé, pour donner de la profondeur à mes lettres.

atelier 3

Le métal

Le métal est un matériau précieux, souvent gage de masculinité, de brillance, de noblesse. Vous trouvez le métal sous de nombreuses formes en scrap : œillets, attaches parisiennes, alphabets, grillage, anneaux à relier, papier aluminium et les petits objets du quotidien.

Certes, il y a mille et une façons d'utiliser tous ces objets dans votre scrap, mais je voudrais partager avec vous une technique qui me tient particulièrement à cœur, et qui, j'en suis certaine, vous plaira. Voici donc comment fabriquer des couvertures de mini-album avec de l'adhésif pour plomberie en métal. C'est un matériau que vous trouvez facilement dans les magasins de bricolage.

Travailler des feuilles de métal

Matériel : de l'adhésif pour plomberie, un stylo-bille, de l'encre de Chine, un pinceau, un chiffon ou un essuie-tout

- 1 · Dans l'adhésif en métal, découpez des carrés, des rectangles ou des bandes. Collez ces morceaux les uns par-dessus les autres, de façon à obtenir une sorte de patchwork.
- 2 · Une fois la couverture entièrement recouverte, utilisez un stylo-bille ou un stylet pour graver le métal : creusez les motifs de votre choix.
- 3 · Appliquez l'encre de Chine avec un pinceau, de façon circulaire, du centre vers l'extérieur, pour épaissir l'encre, très « huileuse », car celle-ci n'adhère pas au métal lorsqu'elle est très liquide. En appliquant l'encre « en rond » et assez rapidement avec un pinceau brosse, on épaissit l'encre qui accroche ainsi le métal. Quelques gouttes suffisent pour recouvrir l'intégralité de votre couverture.
- 4 · Une fois l'encre bien répartie sur tout le métal, patientez environ 10 secondes. Avec un essuie-tout, enlevez alors l'excès.
- 5 · Frottez avec vos doigts, et enlevez toute l'encre quasi sèche du métal : elle est incrustée dans les gravures, et le métal à la surface brillera de nouveau !

Le conseil de Céline

Je m'efforce de faire des formes faciles à tracer, comme des étoiles, des cœurs, des traits, des zigzags, des pointillés, etc. Mais, si vous vous vous sentez l'âme d'un artiste, n'hésitez pas à dessiner des formes plus complexes !

2008 Chicago

Pour ce mini-album tout en métal, la couverture en carton a été entièrement recouverte de morceaux de scotch métallique. Travaillé ensuite au stylet et à l'encre de chine, ce mini-album relate notamment un voyage de l'autre côté de l'Atlantique, dans une grande ville, Chicago.

Le conseil de Céline

Vous pouvez bien sûr utiliser cette technique pour créer des embellissements en décorant des morceaux de cartonnette. Ces petites formes métalliques donneront un côté bling bling à vos pages !

Friends

J'aime cette technique, je dirais même que c'est une de mes préférées. Facile, créative, elle rappelle à la fois le côté moderne du métal, et les vagues souvenirs d'enfance où nous avons préparé un cadre pour la fête des mères en altérant des morceaux de papier aluminium. Collé sur de la cartonnette, le métal sera parfait pour vos couvertures de mini-albums, masculins ou féminins, et donnera un aspect très précieux à vos plus beaux souvenirs.

aBcD
efghiJKl
mnOpqrSt
uvwxyz

VII

Le titre et le journaling

Les mots et les phrases sont essentiels : très personnels, ils reflètent votre personnalité et la façon dont vous avez vécu ou vivez encore l'histoire que raconte votre création. C'est pourquoi il vous faut choisir les bons mots et les bons outils pour refléter le thème de votre photographie.

atelier 1

L'écriture manuscrite

Souvent, vous ne savez pas vraiment quoi écrire ? Vous n'osez pas écrire le journaling ou le titre à la main, de peur de rater et de gâcher la page ? Vous trouvez que votre écriture n'est pas jolie ? Rassurez-vous : avec un peu d'entraînement, vous prendrez confiance en vous.

Quoi écrire ?

Tout d'abord, quelques éléments sont essentiels dans le journaling.

La date – pour se souvenir du moment exact de la photo ou de l'événement – **le nom** des personnages présents, **un titre** – le nom d'un lieu, une émotion....

Laissez-vous guider par les commentaires qui vous passent dans l'esprit, vous devez libérer les sentiments que vous ressentez pour cette photo, ce moment si précieux. Avez-vous un souvenir particulier en regardant cette photo ? Un grand moment de rire en compagnie de ceux qui vous sont chers ? De la nostalgie ? De l'amour ? N'ayez pas peur, votre journaling reflète tous ces petits moments de bonheur, de tristesse, de joie, d'incertitude, de questionnement, de béatitude... Votre journaling, c'est vous !

Si vous avez l'habitude de montrer vos pages sur Internet, n'ayez pas peur de faire des pochettes et d'écrire le journaling sur un tag, sous la photo (à ce moment là, ne collez que les angles de la photo, pour y glisser facilement l'étiquette). Votre journaling, c'est ce qui résume l'instant présent que vous scrappez, que vous mettez à l'honneur, sur une page.

Essayez des phrases de départ, comme celles-ci :

« Je me souviens.. », « Avec toi... », « Cet été-là... », « J'aime... », « Je déteste... », « Ton sourire... », « Des parfums de... », « Quelle sensation... », « Un paysage mémorable... », « Des vacances de rêve... ou pas... »...

Exercez-vous à trouver des mots qui vous inspirent pour écrire votre journaling. Pour commencer, posez ces 3 questions : « ***Où... quand... comment...*** ». C'est en écrivant le lieu, la date et le pourquoi que nous amorçons le journaling, que nous laissons une trace de nous-mêmes dans le temps à travers notre page. Les personnes qui regarderont votre album verront alors instantanément l'essentiel. Ensuite, essayez de réveiller les sensations ressenties au moment de la prise de vue, vous allez voir, les mots arriveront facilement.

Comment écrire

Voici 3 styles d'écriture que j'affectionne particulièrement et que j'utilise tout le temps sur mes projets scrap. Ce sont 3 styles d'écritures faciles à reproduire.

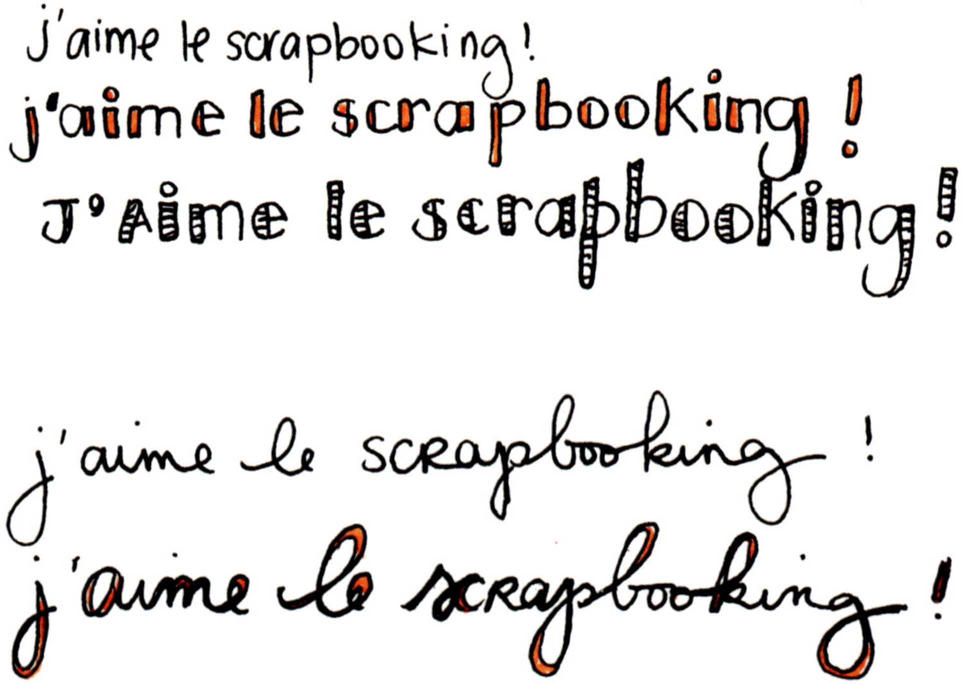

Rendez votre écriture plus belle !

Ceci est une version améliorée de ma véritable écriture. Évidemment, je n'écris pas aussi bien quand je fais ma liste des courses ; mais en m'entraînant sur un petit carnet, j'essaie d'améliorer certaines lettres, de trouver une manière simple d'écrire vite tout en gardant une belle écriture.

L'écriture dite « bâton »

Les lettres ne sont pas attachées entre elles, chaque lettre est indépendante de la suivante. Plutôt droite, cette écriture est la plus facile à faire. Entraînez-vous à reproduire chaque lettre.

L'écriture manuscrite dite « en boucle »

Voici une nouvelle version de votre propre écriture, : il s'agit simplement d'agrandir les boucles, d'allonger les mots. J'affectionne cette écriture car elle se marie parfaitement à mes projets les plus féminins, doux, romantiques.

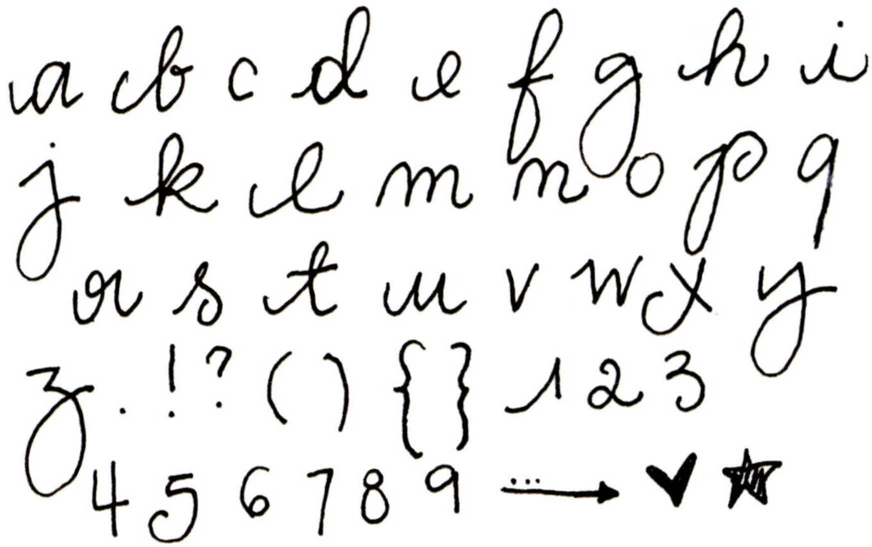

atelier 2

Les alphabets existants

Les alphabets permettent de donner un titre à une page, de compléter un journaling. Il y a, évidemment, plusieurs manières de les utiliser, de les détourner ou de se les approprier…

This way

Sur cette double-page de mini-album, j'ai utilisé la planche entière de tampons Clear alphabets. Plutôt que de détacher lettre par lettre pour faire un titre, j'ai gardé l'ensemble de l'alphabet comme sur la planche, j'ai appliqué l'encre et tamponné l'intégralité de mon fond en kraft. J'ai ensuite fait ressortir certaines lettres avec un stylo gel blanc, pour accentuer le contraste.

Les alphabets tampons

Outils pratiques, interchangeables et faciles à utiliser, les tampons déclinent toutes sortes d'alphabets.

✚ Lorsque vous utilisez un alphabet où chaque lettre existe indépendamment des autres, n'hésitez pas à changer de couleurs d'encre, à tamponner vos lettres sur des papiers imprimés différents, à les détourer et à les coller… Vous pouvez aussi vous amuser à mélanger différents alphabets pour obtenir des écritures irrégulières, souvent plus dynamiques et originales.

✚ Vous pouvez aussi utiliser des tampons de mots… Les tampons Kesiart, entre autres, proposent des mots évoquant des thèmes (le voyage, l'amour, etc) et des plaques de calligraphies (extraits de livres, citations, etc.).

Les alphabets autocollants

Qu'ils soient en mousse, en carton, en cuir ou en tissu, brillants ou à paillettes, les alphabets autocollants trouvent très souvent une place sur mes pages. Ils forment mes titres, mes légendes (une date importante à côté de ma photo). Toujours, ils permettent de donner un effet de volume à un mot, de le détacher de mon fond de page.

Together

Un simple titre TOGETHER composé avec des alphabets en cuir, pour la texture : ils ajoutent contraste et volume sur une page.

Le conseil de Céline

Pour nettoyer vos tampons et enlever les résidus d'encre sur le caoutchouc, utilisez des lingettes pour bébés ou un nettoyant spécifique.

California 07

J'ai utilisé très peu de papier : rappelez-vous que vous n'avez pas forcément besoin de papier pour construire votre page : les tampons peuvent vous servir de « pinceau » pour créer votre fond. Ici, l'ensemble de la page a été construit avec des tampons : j'ai écrit le titre avec des alphabets tamponnés avec divers encreurs ; les parenthèses et la zone de texte sont eux aussi réalisés avec des tampons. Pour cette page, j'ai utilisé un alphabet pour créer mon titre, chaque lettre étant tamponnée l'une après l'autre, car elles sont toutes de couleurs différentes.

Le conseil de Céline

Évidemment, laissez-vous guider par la photo, les couleurs et les styles de vos papiers. Par exemple, si vous faites une page Freestyle, vous aurez peut-être envie d'ajouter des paillettes à vos lettres. Inversement, si vous vous lancez dans une page Héritage, vous serez probablement incitée à poncer, encrer et vieillir vos lettres.

L'alphabet devient embellissement

Vous pouvez aussi détourner un alphabet de sa fonction première (former le titre de la page ou du mini-album) et le transformer en embellissement à part entière. N'hésitez pas à utiliser les chiffres pour faire des séquences sur vos mini-albums, numéroter les pages, par exemple. Sur le mini-album présenté, mon thème était les nombreuses affiches publicitaires qui ornent les rues de Chicago. Pour rappeler les chiffres et les lettres que nous apercevons dans la rue, j'ai collé une série de chiffres qui se fond à merveille sur le fond et la photo.

L'alphabet devient pochoir

Pensez à utiliser vos alphabets comme pochoirs : vous obtenez des fonds de page très graphiques. Bien sûr, n'utilisez pas des alphabets autocollants ici, puisque l'intérêt est de les enlever...

- **1** Placez vos lettres sur le papier choisi comme fond de page : à vous de déterminer les emplacements des lettres : aléatoires, isolées ou superposées, sous forme de mots ou de phrases...
- **2** Posez les lettres sur votre support. Il faut éviter qu'elles bougent. Peignez, encrez, vaporisez de l'encre en spray par-dessus vos lettres.
- **3** Enlevez les lettres : inutile d'attendre que la peinture sèche.
- **4** Laissez bien sécher et reprenez le contour des lettres au stylo noir ou blanc.

L'alphabet, reflet de votre style

Qu'ils soient en carton ou en mousse, vous pouvez toujours adapter un alphabet à votre style, à la palette de couleurs que vous avez choisi d'utiliser ou à votre photo.

Vous pouvez changer l'aspect des lettres de toutes sortes de façons :

- **Ajoutez un motif :** que ce soit avec un stylo permanent, un stylo gel ou avec un tampon, changez l'aspect de votre alphabet préféré, et recréez-en un nouveau !
- **Encrez** les bords des lettres pour donner un aspect vieilli à votre mot.
- **Poncez-les :** pour donner un effet abîmé, usé, à vos lettres, utilisez un morceau de papier de verre sur les bords de chaque lettre.
- **Peignez-les :** avec un pinceau mousse (pour éviter les traces du pinceau), choisissez votre couleur favorite et changez celle de votre alphabet. Ne faites cela que sur les alphabets en carton, plus faciles à peindre et surtout avec une surface sur laquelle l'acrylique accroche bien.
- **Détourez** leur contour avec un feutre : à l'aide d'un stylo permanent ou d'un stylo gel, détourez chaque lettre en suivant les contours.

Kréative page

Kesia a ici utilisé un alphabet en mousse sur lequel elle a appliqué de la peinture acrylique : texture et effet moderne sont les rendus de cette technique. N'oubliez pas que pour vos tampons mousse, l'utilisation de la peinture acrylique offre du volume ! (Page de Késia [Laetitia Roulleau])

atelier 3

La récup' magazine

Ce que j'aime dans les magazines, c'est leur richesse en matière de design, de couleurs, de sujets. Je m'inspire de leurs palettes de couleurs, je découpe des images qui me plaisent pour les scrapper, j'utilise même parfois directement certaines publicités comme fond de page !

Les typographies

Les magazines sont extrêmement riches en polices de caractère : découpez des mots ou des lettres et intégrez-les à vos pages. Faites cependant attention aux types de papiers que vous allez utiliser, surtout si vous souhaitez ajouter de la peinture dessus, car, selon le papier, il se peut que l'encre dégorge et se mélange à la peinture, assombrissant le résultat. En effet, souvent, le papier des magazines est fin, donc facile à déchirer. Allez-y avec précaution.

Utiliser la typographie

Que faire de votre mot maintenant ? Allez-vous l'utiliser en fond de page ou comme titre ? Peut-être le mettrez-vous de côté pour plus tard. Quand vous feuilletez un magazine à la recherche de typo intéressante, imaginez tel ou tel titre ou la phrase, dans une future page. En quoi cette typo est intéressante ? Que peut-elle apporter à ma page ? De la forme ? Un effet grunge ? Ou, au contraire, de la douceur ? Cherchez des titres d'articles, des mots entiers, des phrases, que vous pourrez réutiliser en titre ou dans votre journaling.

Pourquoi ne pas mélanger les polices de caractère dans vos titres, en découpant des mots ou des lettres de polices de caractère différentes et produire un journaling façon lettre anonyme ? Pourquoi ne pas jouer sur la taille des différents mots et poser l'accent sur votre journaling, sur l'intégralité de votre page, par exemple?

Il existe ainsi mille et une façons de jouer avec la récupération de mots et de phrases dans le scrap.

Le conseil de Céline

Découpez avec des ciseaux de bonne qualité, pour éviter que la lame accroche sur le papier glacé, et, pour coller, préférez la colle en bâton, qui ne fera pas gondoler votre mot.

Into the groove

Cet album est consacré à mes nombreuses inspirations, que ce soit dans la musique, la photo, la mode, la déco, l'art. J'ai donc découpé dans des magazines des mots, des photographies, des publicités qui nourrissent ma créativité. Le mot GROOVE se trouvait sur une publicité et j'ai trouvé intéressant de l'utiliser, non seulement en fond de page mais aussi comme mot-clé de mon journaling.

Cristina

Cristina a déchiré une page de publicité qui colle parfaitement au thème de sa page : une page sur soi, où le texte évoque des sentiments personnels, qui reflète peut-être la personnalité de l'auteur. Elle l'intègre à celle-ci en la collant. L'effet déchiré se mélange parfaitement au papier de fond en brique. (Page de Cristina)

atelier 4

Écrire avec l'ordinateur

Avec Word ou d'autres logiciels de traitement de texte, créer du texte pour le scrap n'a jamais été aussi facile ! Journaling, titres, formes, polices de caractère différentes, en cercle, souligné, en gras..., l'informatique nous apporte la perfection que la main ne nous offre pas tout le temps.

Créer vos titres

· **1** · Choisissez dans le logiciel de traitement de texte une police de caractère (plutôt manuscrite ou écriture bâton...), en essayant de coller au thème de votre page. Puis choisissez la taille de la police. Placez-vous sur la page blanche et écrivez votre texte.

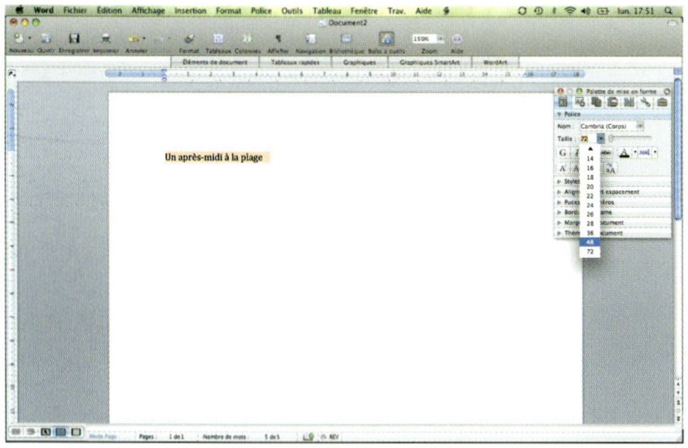

· **2** · N'hésitez pas à jouer sur l'italique, le gras, le souligné, et même l'écriture barrée, pour accentuer l'adhésion du titre au thème de votre création.

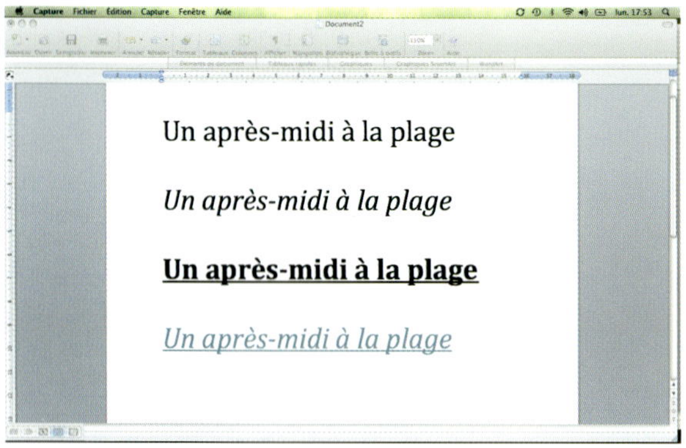

· **3** · Vous pouvez également taper le titre avec une même police puis changer la typo de chaque lettre du mot, en jouant sur la taille et la couleur par exemple.

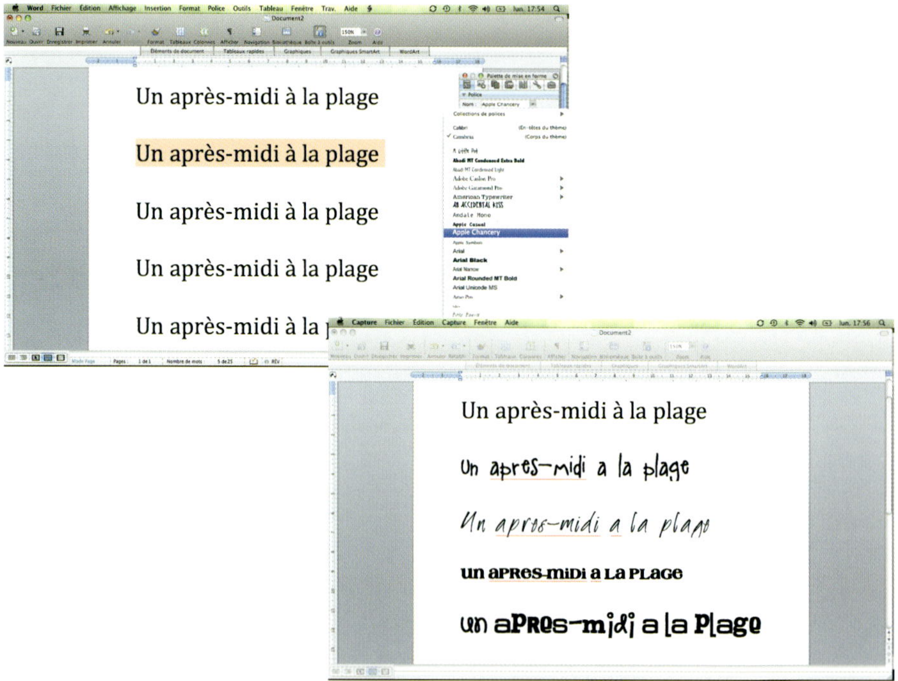

· **4** · Placez ensuite votre feuille de papier uni ou imprimé (attention à ce que celui-ci ne soit pas trop foncé !) dans l'imprimante, et imprimez !

· **5** · Vous n'aurez plus qu'à découper votre titre et lui donner un peu de relief !

Le conseil de Céline

N'oubliez pas que la fonction WordArt sur Word vous permet d'écrire facilement en mouvement, en cercle, etc.

Amitié

Karine a, quant à elle, imprimé son journaling sur Bazzill blanc, en encre noire, pour bien contraster avec sa page et lui donner un peu de lumière, et faire un rappel de sa photo noir et blanc. (Page de Karine Cazenave-Tapie)

Écrire votre journaling

Si vous avez vraiment peur de faire votre journaling à la main, l'ordinateur est LA solution. Vous ne pouvez pas faire d'erreur, si vous savez comment utiliser votre logiciel. Et pourtant, rien de plus simple que d'écrire un texte sur une page blanche, et de l'effacer s'il ne vous convient pas ! Décidément, l'informatique est une bien belle invention !

· 1 · Comme pour le titre, jouez sur les polices de caractère, les tailles, les couleurs, les gras, les italiques, etc., pour donner du dynamisme à votre texte.

· 2 · Le choix d'une police de caractère dépend du thème de la page : pour une page douce, choisissez plutôt une police type manuscrite, pour une page Freestyle, laissez-vous tenter par une police un peu plus délurée !

· 3 · N'hésitez pas à imprimer votre journaling directement sur un papier imprimé que vous ajouterez à votre page, ou même sur votre photo ! Pour cela, rendez-vous directement à notre atelier Photoshop (voir p. 112) !

Créer des embellissements typographiques

Imprimer sur un Rhodoïd du texte un peu partout, tel un panaché de lettres et de mots ? C'est possible !

Ouvrez un document Word, tapez votre texte sur la page blanche, changez la police et la taille de chaque mot. Si vous disposez d'une imprimante couleur, alors vous pouvez aussi changer la couleur de certains mots. Placez un Rhodoïd dans l'imprimante et c'est parti ! Laissez sécher votre encre au moins 1 heure : en effet, le plastique empêche l'encre de pénétrer et celle-ci va mettre plus longtemps à sécher. Vous voilà désormais avec un fond de page ou une future couverture de mini-album façon calligraphie graphique.

· 1 · Écrivez le mot ou la phrase que vous souhaitez voir se répéter sur le Rhodoïd. Faites un copier/coller (allez dans ***Edition/Copier***, puis ***Edition/Coller***, ou raccourcis clavier ***CTRL + C puis CTRL + V***).

· 2 · Copiez et collez sur l'ensemble d'une feuille A4 Word.

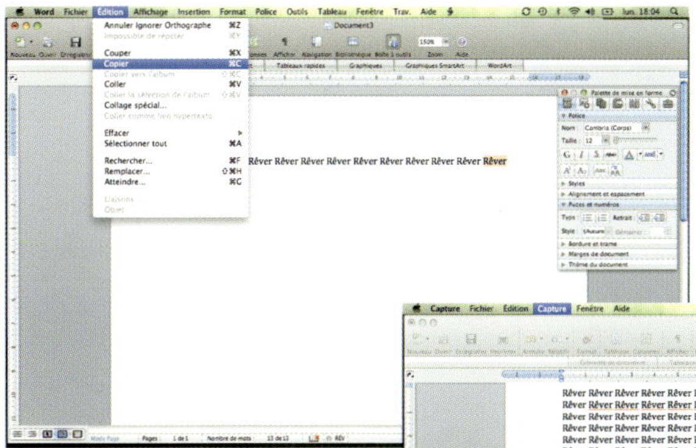

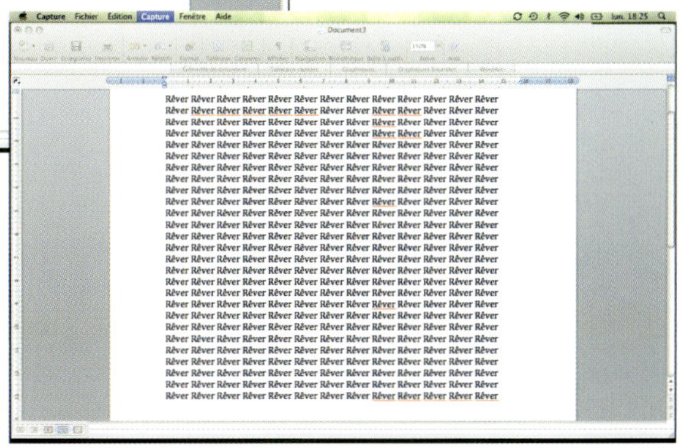

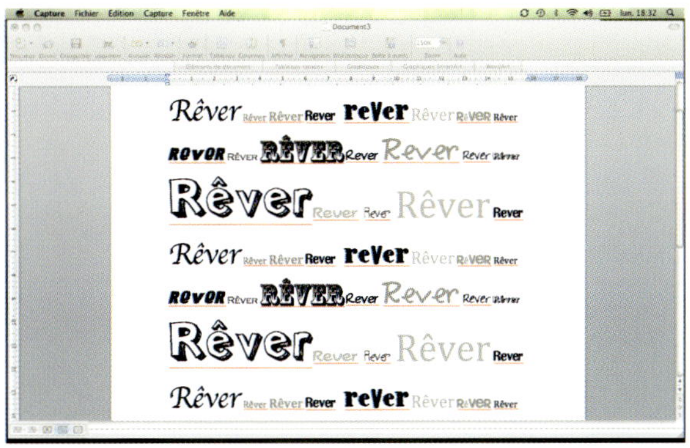

· 3 · Changez les polices de caractère de chacun des mots, en jouant sur la couleur et la taille, puis imprimez sur un Rhodoïd pour un effet unique !

atelier 5

Utiliser le numérique

Avec certains logiciels de traitement d'image (Photoshop, par exemple), vous pouvez créer vos propres pages en numérique. Papiers, boutons, rubans, agrafes, Chipboards, alphabets... amusez-vous à manipuler tous ces éléments sur l'écran de votre ordinateur !

De nombreux sites et forums vous aident à trouver l'inspiration en ligne :

- http://thompsonfamily.typepad.com/kitschy_digitals_blog/
- http://www.zigzagscrap.com/
- http://www.scrap-gratuit.fr/
- http://www.freedigitalscrapbooking.com/
- twopeasinabucket.com
- http://www.scrapbookvirtuel.com/
- http://www.digitalscrapbookplace.com/

Sinon, tapez Digital Scrap dans un moteur de recherche, vous trouverez des milliers d'adresses sur le scrapbooking numérique !

Vous trouverez, sur ces sites, des kits gratuits qui contiennent des fichiers divers pour faire vos premières pages de scrap numérique. Certains sites proposent aussi des kits payants, créés par des designers connus dans le scrap numérique. N'hésitez pas à faire le tour pour trouver le kit qui vous donnera envie de démarrer ! Ces kits comprennent en principe le « matériel » de base pour démarrer : papiers de fond, papiers imprimés, fleurs, rubans, attaches parisiennes, etc, tout cela numérisé, sous forme de fichier Photoshop ! Il ne vous reste plus qu'à ouvrir un fichier de papier de fond, quelques embellissements, votre photo et de vous lancer dans l'aventure !

Scanner une page

Si vous avez créé votre propre fond en peinture dans un des ateliers précédents, alors vous aurez peut-être envie de le scanner ! Si vous avez travaillé sur un format 30 x 30 cm, il vous faudra le scanner en 2 fois : scannez une première moitié de la page, puis l'autre. Ouvrez ensuite un nouveau document (*Fichier > Nouveau*) au format 30 x 30 cm en 300 dpi. Glissez vos 2 pages scannées dans ce carré. Faites la jonction. Vous voilà créatrice de papiers de scrap numérique !

Ouvrir une nouvelle page

Allez dans ***Fichier***, puis ***Nouveau***. Votre page, si vous souhaitez travailler en format standard, doit mesurer 30 x 30 cm, en 300 dpi, pour travailler en haute définition. Choisissez un fond blanc ou transparent. Pas besoin d'être expert en informatique pour apprivoiser le scrap digital : à l'aide de calques, votre souris travaillera en « couches » pour superposer les différents éléments. Et chaque « embellissement » digital est un fichier indépendant, mis sur fond transparent : avec l'outil ***flèche***, faire alors glisser l'image numérique sur votre fenêtre page et le tour est joué !

Voici un petit atelier avec un pas-à-pas à base de capture d'écrans pour vous aider à faire votre première page digitale.

Ouvrir un nouveau document

Allez simplement dans *Fichier/Nouveau*. Ce nouveau document doit mesurer 30 x 30 cm en 300 DPI. Le DPI (dots per inch = points par pouce) est une unité de mesure, communément utilisée pour définir une résolution (plus cette valeur est élevée, meilleure est la qualité).

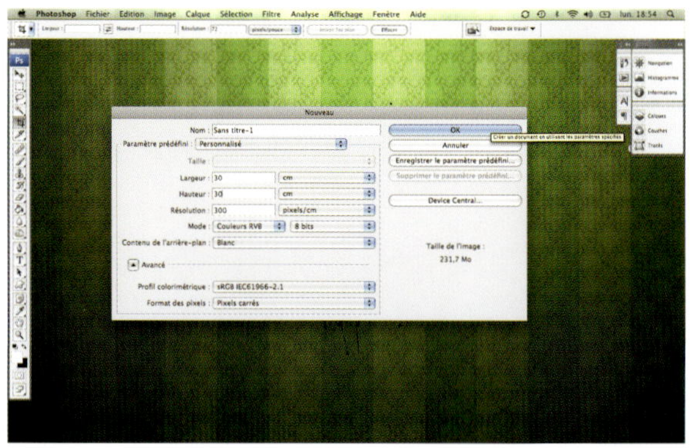

Ouvrir des fichiers numériques

· 1 · Allez dans ***Fichier/Ouvrir*** puis cherchez dans votre disque dur vos éléments numériques. Une fois sélectionnés, cliquez sur ***Ouvrir***.

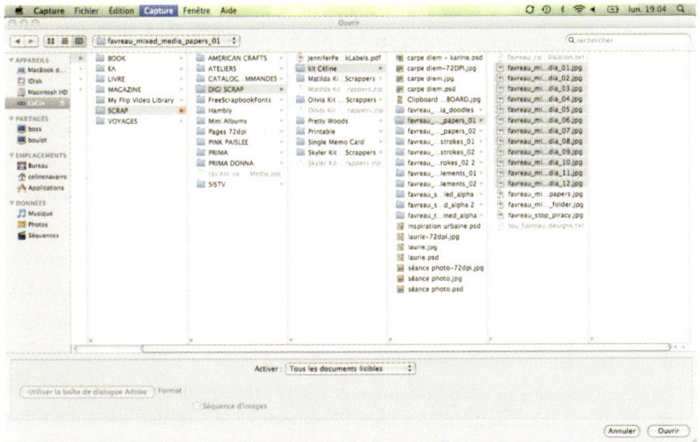

· 2 · Vos fichiers s'ouvrent sous Photoshop.

· 3 · Faites glisser un fichier, à l'aide de l'outil ***Flèche***, dans votre nouveau document. Pour cela, maintenez le clic gauche de votre souris sur votre fichier digital et faites glisser dans le document vierge.

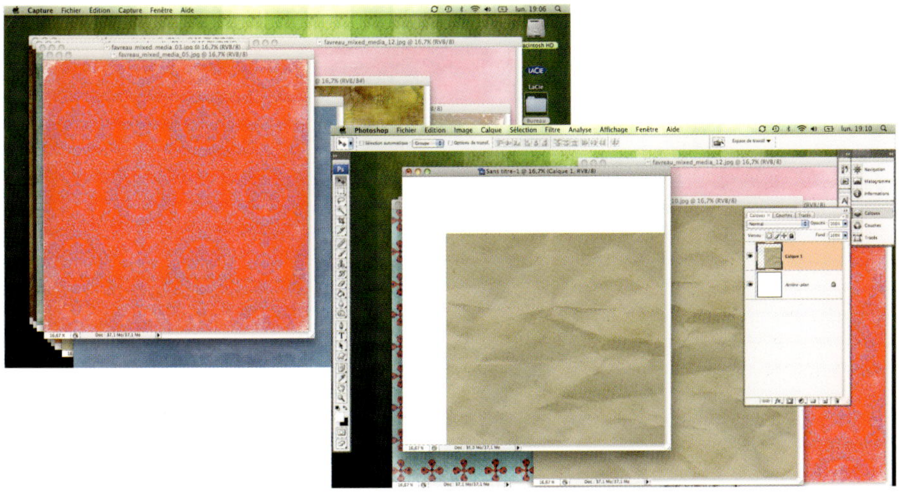

· 4 · Pour agrandir ou rétrécir un fichier : ***CTRL + T***. Maintenez la touche ***TAB*** enfoncée pour garder l'homothétie.

· 5 · Utilisez l'outil ***Recadrage***, qui vous permettra, pour commencer, de découper vos papiers et ensuite de les faire glisser sur votre fond.

· 6 · Ajoutez un peu d'ombre en double-cliquant sur le calque du papier rouge.

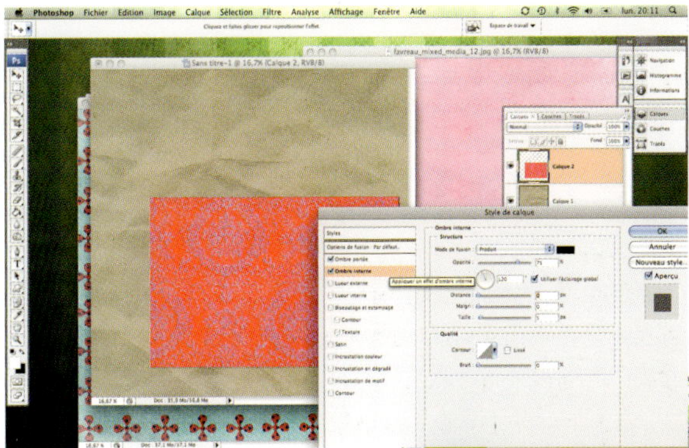

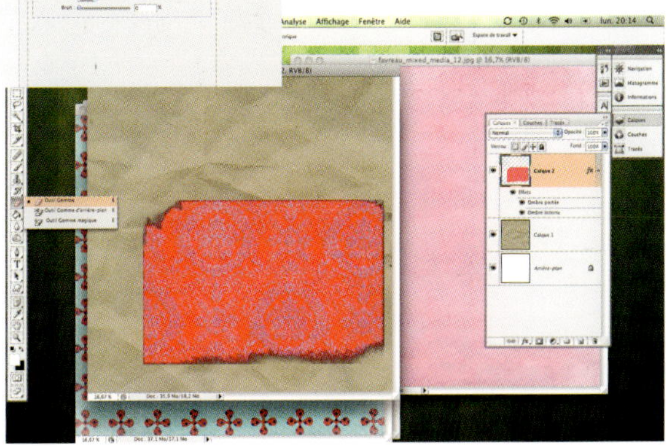

· 7 · À l'aide de l'outil ***Gomme***, vous pouvez gommer la surface de votre papier. En vous positionnant sur le calque voulu et en choisissant le motif de votre gomme (pour cela, vous verrez en dessous de Fichier, l'outil ***Forme*** qui vous permettra de changer de motif et de taille de motif), vous pourrez alors effacer les angles de votre papier rouge.

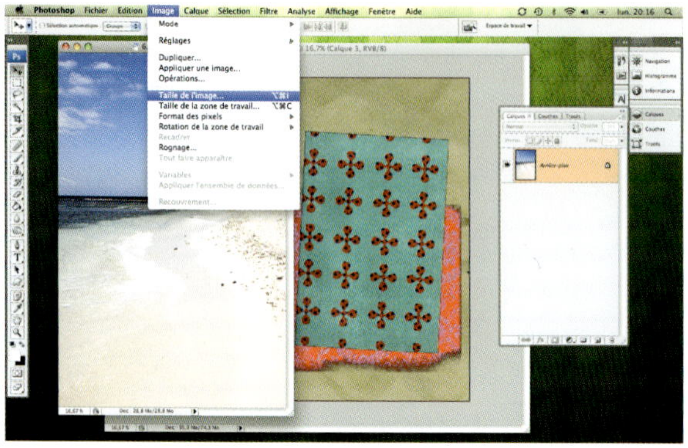

- **8** · Ouvrez maintenant votre image. Pour cela, allez dans *Fichier/Ouvrir*. Cherchez dans votre disque dur l'image que vous souhaitez scrapper.
- **9** · Une fois ouverte, retaillez votre photo selon vos envies. Allez dans *Image/Taille de l'image*. Puis changez la taille et veillez toujours à ce que votre photo soit en 300 dpi (meilleure qualité, idéale pour l'impression).
- **10** · Cliquez sur OK quand vous avez fini.
- **11** · À l'aide de l'outil *Flèche*, faites glisser votre image dans votre page.

- **12** · Avec le raccourci *CTRL + T*, vous pouvez redimensionner et faire pivoter votre image. N'oubliez pas de maintenir la touche *TAB* (majuscule) enfoncée pour respecter l'homothétie.

Le conseil de Céline

Ajoutez un maximum d'embellissements sur votre page. Si vous n'êtes pas satisfaite, alors supprimez le calque de l'objet. Positionnez-vous sur le calque, puis cliquez sur la petite Poubelle en bas à droite de la palette de calque.

- **13** · Ouvrez vos fichiers d'embellissements. Faites *Fichier/Ouvrir*, puis allez chercher les fichiers digitaux pour les ouvrir. Cliquez sur OK.

- **14** · Utilisez simplement l'outil Flèche pour faire glisser vos éléments dans votre page. Faites CTRL + T pour modifier la taille et faire pivoter votre objet.
- **15** · Si vous souhaitez changer la couleur de certains de vos embellissements, c'est possible ! Positionnez-vous sur le calque en question (ici, dans mon exemple, la fleur ROSE au départ), puis allez dan Image/Teinte et Saturation. Modifiez les teintes, la luminosité et la saturation pour obtenir de nouvelles couleurs ! Cliquez sur OK quand c'est terminé.

Phare amedee

J'avais envie de couleurs saturées pour illustrer cette photo de plage en Nouvelle-Calédonie. Mon choix s'est naturellement tourné vers ses fichiers digitaux très colorées. J'ai légèrement augmenté la saturation sur Photoshop pour une luminosité optimale.

Photoshop : un allié de choc

Photoshop est incontestablement mon logiciel préféré. Je ne pourrais pas me passer de lui. J'édite mes photos, je fais du scrap digital, je m'amuse avec des scripts et autres formes enregistrées... C'est devenu un outil indispensable. Bien que le logiciel paraisse un peu compliqué (beaucoup de touches, fonctions, outils qui peuvent faire peur aux novices), Photoshop est vraiment facile à prendre en main quand on n'a pas peur de « bidouiller » sur l'écran. N'hésitez pas à cliquer sur une fonction, un outil, puisque l'action n'est pas irréversible. En un clic, vous pouvez tout annuler et revenir en arrière, ou même fermer votre photo et ne pas l'enregistrer. Voici quelques explications pour faire divers exercices, indispensables en scrap.

Photo en couleurs, en noir et blanc, sépia

Il est très facile de transformer une photo couleur en noir et blanc ou en sépia. Suivez ces quelques étapes et lancez-vous dans la retouche d'image.

· 1 · Ouvrez votre photo sous Photoshop.

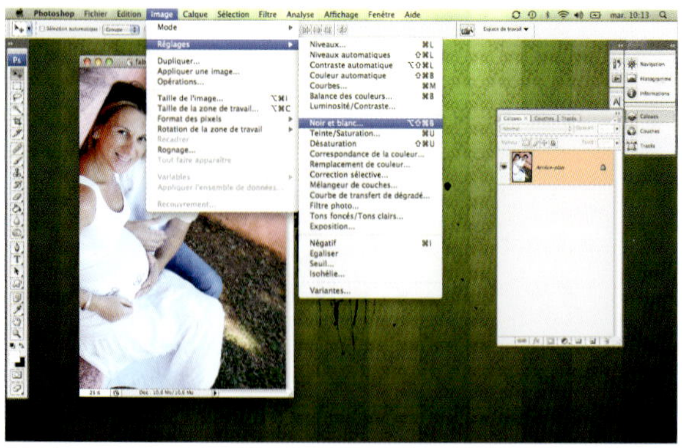

· 2 · Allez dans *Image/Réglages/ Noir* et blanc. Ajustez les tons des teintes noires et blanches selon votre goût. Cliquez sur OK.

· 3 · Je vous conseille d'aller également dans *Image/Réglages/Niveaux* afin de régler l'intensité des blancs, gris et noirs. Simplement ajustez la règle des niveaux puis cliquez sur OK quand vous êtes satisfaite.

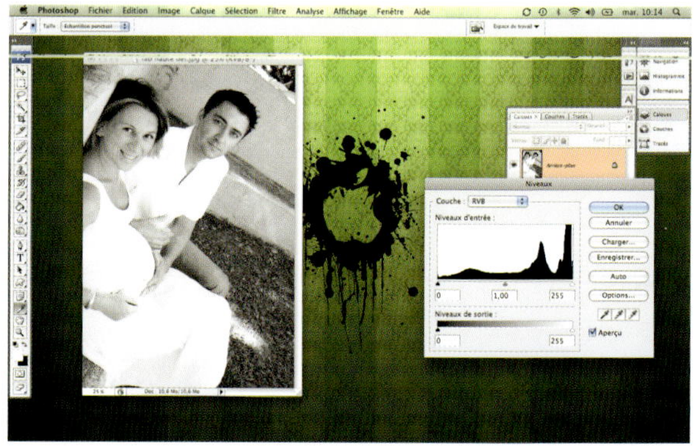

· 4 · Voilà! Vous avez une belle photo en noir et blanc ! Enregistrez-la et vous êtes prête à l'imprimer.

· 5 · À partir de votre photo en noir et blanc, vous pouvez créer un superbe sépia. Allez dans *Image/Réglages/Balance des Couleurs.*

· 6 · Réglez ensuite les différentes nuances suivant vos goûts, et le tour est joué !

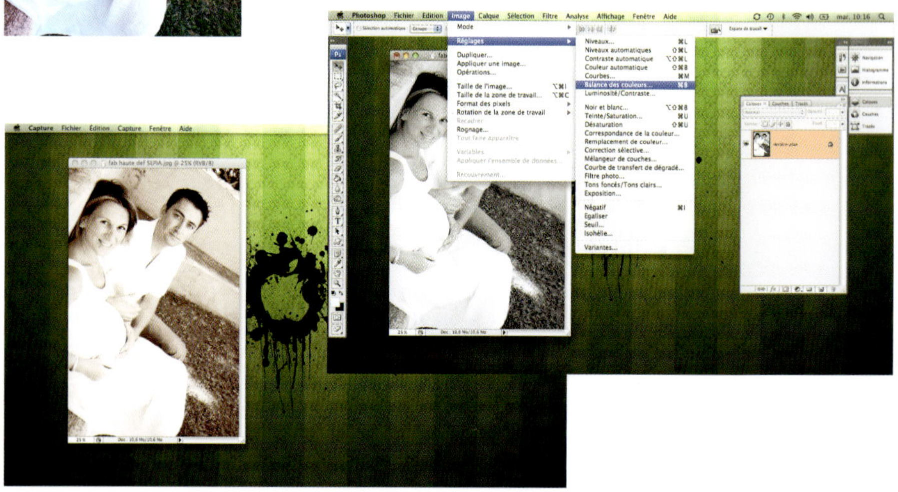

Ajouter des brushes

Les brushes sont tout simplement des pinceaux, de diverses formes, à utiliser directement sur vos photos ou vos projets scrap. L'avantage d'un brush est qu'il fonctionne avec l'outil ***Pinceau***, et donc, qu'il est très facile de changer la taille et la couleur.

· 1 · Tout d'abord, si vous n'avez pas de brushes installés dans votre logiciel, vous devez les charger.

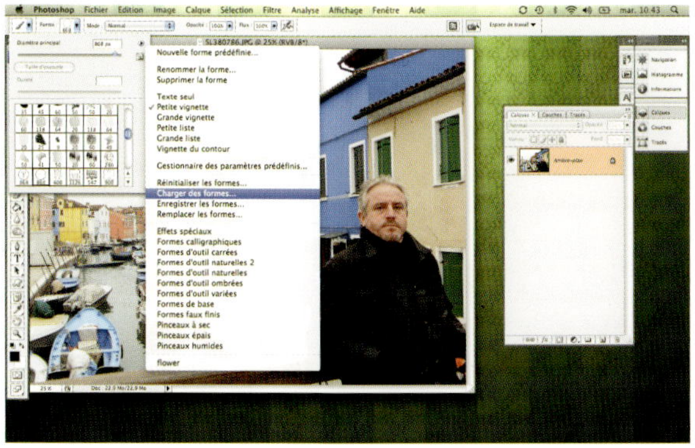

· 2 · Cliquez sur l'outil ***Pinceau***. Puis, dans la fenêtre ***Forme***, il y a une petite flèche dans l'angle droit en haut qui vous permet d'ouvrir tout un menu d'actions. Cliquez sur ***Charger les formes***. Maintenant, allez dans le dossier dans lequel vous avez vos brushes. Pour les charger, il faut que ces brushes soient au format ***.abr***.

· 3 · Les brushes se chargent automatiquement dans le menu ***Forme*** de l'outil ***Pinceau***.

· 4 · Une fois votre image ouverte, sélectionnez les divers brushes et amusez-vous ! Si vous n'êtes pas satisfaite, annulez votre action (en faisant ***CTRL + Z*** ou ***Edition/ Annuler***).

· 5 · Pour changer la taille, après avoir cliqué sur l'outil ***Pinceau***, allez dans ***Forme*** (en haut du tableau), puis changez la taille en faisant glisser la règle.

· 6 · Pour changer de couleur, allez simplement sur la palette d'outils : la palette de couleurs est représentée par 2 carrés : un blanc et un noir.

· 7 · Cliquez à l'intérieur de l'image pour imprimer votre brush. Le tour est joué !

Intégrer un titre dans une photo

Tout d'abord, ouvrez votre photo, puis cliquez sur l'outil *Texte*. Vous avez le choix parmi plusieurs types d'outils *Texte*, horizontal ou vertical. Choisissez selon vos envies.

· 1 · Sélectionnez la zone où vous désirez écrire votre titre.

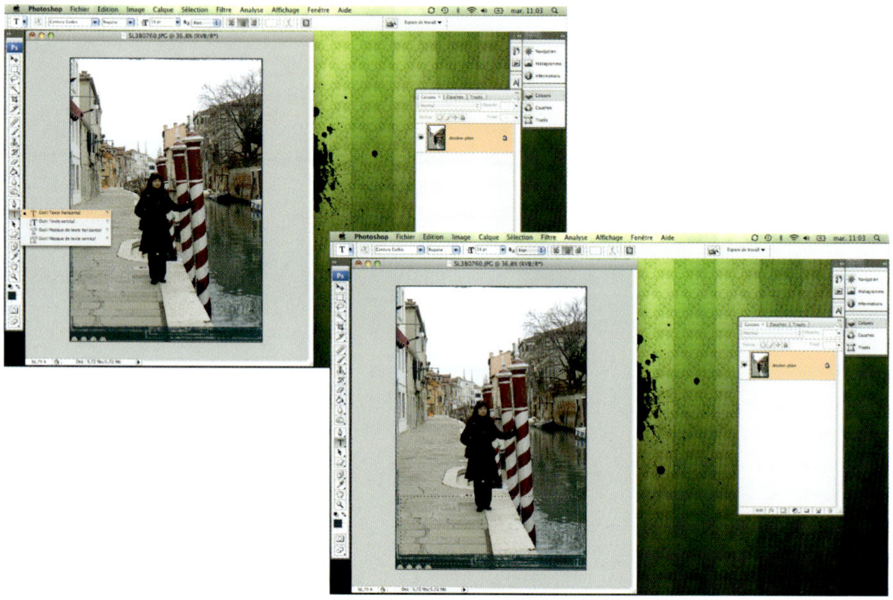

· 2 · Tapez votre texte.

· 3 · Sélectionnez avec votre outil Texte tout le texte afin de changer la taille. Puis, en haut de l'écran, changez la taille selon celle de votre photo.

· 4 · Puis, toujours quand votre titre est souligné, allez en haut de l'écran pour changer la police de caractères. Cliquez sur celle de votre choix.

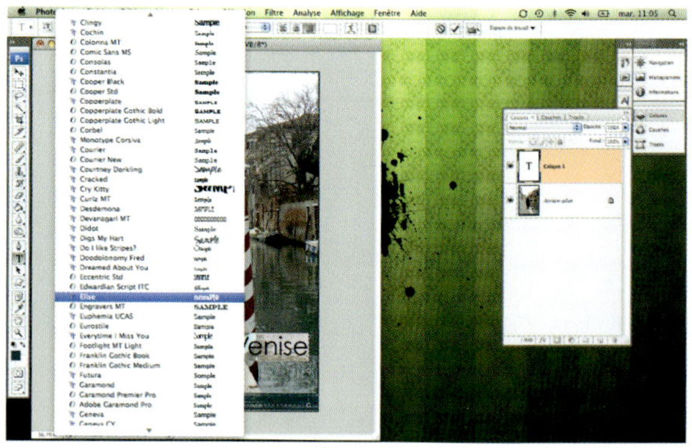

· 5 · Une fois votre police de caractère choisie, double-cliquez sur le calque du texte. La boîte ***Style de Calque*** s'ouvre. Ajoutez un peu d'ombre portée et d'ombre internet pour augmenter la profondeur de votre titre.

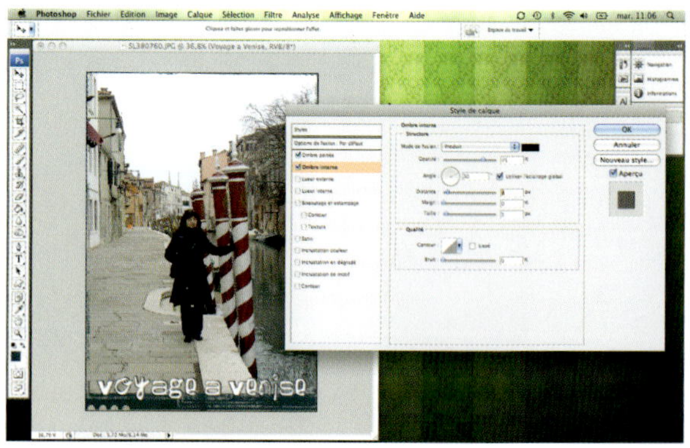

· 6 · Vous pouvez également changer l'opacité du texte (c'est-à-dire choisir qu'il soit plus ou moins transparent dans l'image) avec la règle ***Opacité*** qui se trouve au-dessus de votre calque ***Texte***.

· 7 · Voilà ! Votre texte est maintenant ajouté sur votre image !

Voyage à Venise.

J'ai ajouté très peu d'éléments sur cette photo, qui se suffit presque à elle-même : seulement le lieu et un petit cadre baroque pour rappeler l'ambiance de Venise.

Mes blogs préférés

thegreenfrogstudio.typepad.com/entreartistesmagazine/ <http://
thegreenfrogstudio.typepad.com/entreartistesmagazine/>
karinecazenave.typepad.com
http://www.carinescrap.com/
http://dinastamps.typepad.com/ponderings/
http://patmiaou.canalblog.com/
http://scrapbidouilleries.blogspot.com/
http://lalyne.canalblog.com/
http://carnet-de-scrap.over-blog.com/
http://frerecadfael.canalblog.com/
http://pasunblogdescrap.canalblog.com/
http://safo.typepad.fr/
http://stef7240.canalblog.com/
http://lasmanitasdevinnie.typepad.com/scrap/
http://giniew.canalblog.com/
http://www.edwigebufquin.com/
http://www.acolorfulhouse.typepad.com/
http://aliscrap23.blogspot.com/
http://retrospection.typepad.com/my_weblog/
http://www.embers.typepad.com/e/
http://www.gingergrace.typepad.com/
http://paperandink.typepad.com/thegoodlife/
http://dreamieland.wordpress.com/

Shopping

Temporelles : http://www.loisirs-creatifs-temporelles.com/
Studio Calico : http://www.studiocalico.com/
bulle2Scrap : http://www.bulle2scrap.com/
Temple du Scrap : http://letempleduscrap.com/
Scrapcinema : http://www.scrapcinema.com/
Etsy : http://www.etsy.com/
Boitascrap : http://www.boitascrap.com

Design Teams

American Crafts
Pink Paislee
Hambly
Kesi'art

Mes marques préférées

American Crafts : http://www.americancrafts.com/
Hambly : http://www.hamblyscreenprints.com/
Pink Paislee : http://pinkpaislee.com/
Kesi'art : http://www.kesi-art.com/
Rouge de Garance : http://www.rougedegarance.com/
Fancy Pants : http://www.fancypantsdesigns.com/
Sassafras : http://www.sassafraslass.com/
October Afternoon : http://www.octoberafternoon.com/
Cosmo Cricket : http://cosmocricket.com/
Jenni Bowlin : http://jennibowlin.com/
Making Memories : http://www.makingmemories.com/
Onirie : http://www.onirie.com
Color Conspiracy : http://www.colorconspiracy.com/
Rose Moka : http://rosemoka.com/

Achevé d'imprimer en octobre 2009
à Singapour par Tien Wah Press